Günter Witt

„Armer Mensch, an dem der Kopf alles ist"

Harmonie von Geist und Körper –
Wirklichkeit und Dichtung bei Goethe

Günter Witt

„Armer Mensch, an dem der Kopf alles ist"

*Harmonie von Geist und Körper –
Wirklichkeit und Dichtung bei Goethe*

Gedruckt mit Unterstützung
der Staatskanzlei des Freistaats Thüringen

Herausgeber:
Sportakademie des Landessportbundes Thüringen
unter Leitung von Prof. Dr. Manfred Thieß

Der Autor bedankt sich
bei Prof. Dr. Willi Schröder, Jena, für die Anregungen
während der Entstehung des Buches.

Der Verlag bedankt sich
bei Dr. Lutz Unbehaun, Direktor Thüringer Landesmuseum Heidecksburg, Rudolstadt,
und Michael Schütterle, Leiter der Historischen Bibliothek der Stadt Rudolstadt,
für die Zuarbeiten.

Umschlag vorn:
Goethe im Alter von 26 Jahren. Ölgemälde von G. M. Kraus, 1775/76

Frontispiz:
Goethe 1810. Ölgemälde von F. G. Kügelgen

Seite 156:
Goethe, Bleiftiftzeichnung von Friedrich Wilhelm Riemer, um 1810

Letzte Seite:
Goethe, Zeichnung von William Makepeace Thackeray, um 1830

Umschlag hinten:
Goethe 1832 von Daniel Maclise

1. Auflage 2003

ISBN 3-89807-057-3

Typografie, Satz, Grafik, Lithografie, Register, Gestaltung, Produktion:
hain-team – Windischenstraße 13, 99423 Weimar
Schrift: abgewandelte Parable OsF (FF), 2002 von Chris Burke geschnitten.
Belichtung, Proofing, Druck: Hahndruck, Kranichfeld
Bindung: Verlagsbuchbinderei Keller GmbH, Kleinlüder

Gedruckt auf chlorfrei gebleichtem, säurefreiem Papier.

Copyright © 2003 by hain VERLAG – Weimar & Jena
Alle Rechte, insbesondere das Recht der Vervielfältigung und Verbreitung
sowie der Übersetzung vorbehalten. Kein Teil des Werkes darf in irgendeiner Form
durch Fotokopie, Mikrofilm, CD-ROM usw. ohne schriftliche Genehmigung des Verlages reproduziert
oder unter Verwendung elektronischer Systeme verarbeitet, vervielfältigt oder verbreitet werden.
Bezüglich Fotokopien verweisen wir nachdrücklich auf §§ 53, 54 UrhG.

Inhalt

Prolog
„Armer Mensch, an dem der Kopf alles ist!" 7

Teil I
Heranwachsen zur „vollen Pracht der Jugend"
1. Im Frankfurter „Nest" 11
   - Allein erblich bildet sich keine „tüchtige physische Grundlage" 12
   - „Als ich noch ein Knabe war, sperrte man mich ein" 13

2. „Nach Leipzig in die Welt" 16
   - Wanderungen zur „Bilderjagd auf poetisches Wildpret" 18
   - Dem „sitzenden und schleichenden Leben" entgegenwirken 23

3. In Straßburg wuchs „die Offenheit eines frischen, jugendlichen Mutes" 27
   - Das Jurastudium als Pflicht, andere Fächer als Kür 28
   - Physische und psychische Abhärtung 30
   - Für die Zukunft entscheidende Begegnungen 31

4. Zeit der stürmisch-drängenden Dichtungen
   statt Langeweile in der Juristerei 35
   - Wie im Studium, so in der juristischen Praxis nicht heimisch geworden 35
   - Frühe Berühmtheit als Dichter 38

Teil II
Geistige und körperliche Harmonie im Mannesalter
5. Der „edle weimarische Kreis" lädt ein, nicht nur „auf ein paar Jahre" 41
   - Nicht nur „Gast und Dichter", sondern Pflichten in hohen Ämtern 42
   - Konflikte der „Doppelexistenz" 44

6. Zeit der vielseitigen persönlichen Aktivitäten zur Körpererziehung 51
   - Wandern 52
   - Fechten 58
   - Reiten 59
   - Jagen und Schießen 64
   - Schwimmen 69
   - Schlittschuhlaufen 71
   - Bergsteigen 76

7. Reisend durch die Lande 78
   - Fasziniert von der Schönheit der Schweizer Bergwelt 79
   - Den Harzer Brocken im Winter bezwungen 86
   - „Wiedergeburt" in Italien 89
8. Wenn „der Geist dem Körper nachgab" 99
   - Alter und Lebensweise zeigen Wirkung 100
   - In den böhmischen Bädern und anderswo als Kurgast 104

Teil III
Geistige Produktion, historische Vorbilder und pädagogische Bestrebungen

9. Entdeckung „produktivmachender Kräfte [...] auch in der Bewegung"
   als Erfahrung 109
   - Körpererziehung und geistige Produktivität 109
   - „Pathologisches" im literarischen Schaffensprozeß 113
10. Wiederentdeckung der antiken griechischen Körperkultur 115
    - Einfluß der Literatur auf den „Weimarer Kreis" 116
    - Das Musterbeispiel der Wörlitzer Drehbergspiele
      als Versuch praktischer Anwendung 122
11. Die deutsche „Turnerei wertgehalten" 124
    - Vorstellungen von der Körpererziehung der Jugend 125
    - Wertschätzung des Wirkens der pädagogischen Reformer 127
12. Goethes Menschenbild und die Nachwelt – Feststellungen, Fragen … 135
    - Erste Brüche und neue Ansätze 135
    - Widersprüche und Hoffnungen
      in der Realität der gegenwärtigen Gesellschaft 138

Epilog
Notwendig ist ein „praktisches Verhalten zu Goethe und seinem Werk" 145

Anhang
   - Anmerkungen 147
   - Literaturquellen 152
   - Abbildungsnachweis 155

Personenregister 157

Prolog
„Armer Mensch, an dem der Kopf alles ist!"

DREIUNDZWANZIG JAHRE ALT WAR GOETHE, ALS ER IM JULI 1772 DIESEN SATZ IN EINEM Brief an Herder niederschrieb.[1] War das nun einer seiner vielen stürmisch-drängenden Gedanken, die er jugendlich-ungestüm äußerte und dann nicht unbedingt weiterverfolgte? Oder war das bereits einer seiner Ansätze in Richtung auf sein Ideal von der Harmonie von Geist und Körper, das er in der Wirklichkeit seines Lebens und in seiner Dichtung dann so entschieden vertrat? Antworten auf diese Fragen zu suchen und zu beschreiben stellte sich als äußerst spannend und ergiebig heraus und auch als reizvoll, weil sich das Interesse auf bisher wenig dargestellte Aspekte des Lebens und Werkes Goethes konzentrierte.

Denn: In der Literatur über Goethe stehen natürlich sein unvergängliches literarisches Werk und dessen ungebrochen nachhaltige Wirkung bis heute im Mittelpunkt. Seine Lyrik und Prosa, seine Dramen und Erinnerungen, seine theoretischen Schriften und Studien, die Weltgeltung erlangten, lieferten von seinen Lebzeiten an bis in die Gegenwart immer wieder den Stoff für vielfältige und unterschiedliche Darstellungen und Deutungen. Auch seine multifunktionale Wirksamkeit als Theaterdirektor, Zeichner und Naturwissenschaftler, als Geheimrat, Minister, Leiter der Kriegs-, Bergwerks-, Schloßbau-, Wasser- und Wegekommissionen, der Finanzverwaltung und der Aufsicht über alle Kunst- und Wissenschaftseinrichtungen des Herzogtums Sachsen-Weimar war und ist wie geschaffen für immer wieder neue publizistische Erschließungen. Die Literatur über Goethe wuchs in ihrem Volumen und ihrer Themenvielfalt nahezu unüberschaubar an. Fast kein Aspekt seines Lebens und Wirkens blieb bisher ausgelassen. Nur eine Thematik, sein Bild von der körperlich-geistigen Ganzheit der menschlichen Existenz, das auch sein Verhältnis zur Körpererziehung und deren Bedeutung für ein produktives geistiges Schaffen bestimmte, hielt sich in Grenzen.

Das verwundert insofern, als Goethe in der Wirklichkeit seines Lebens und in seiner Dichtung ganz entschieden die Harmonie von Körper und Geist vertrat. Er betrachtete sie nicht nur als erstrebenswert, sondern auch als erreichbar, wenngleich sie allzuoft vernachlässigt und gestört sei. Einseitige Lebenshaltungen beurteilte er als bedauernswert. Und er setzte einer solchen Disharmonie seine Auffassung entgegen: *Gesunde Menschen sind die, in deren Leibes- und Geistesorganisation jeder Teil eine vita propria hat.*[2]

Der Eindruck drängt sich auf, als ob über diese doch wohl für die Existenz des menschlichen Individuums essentielle Problematik nicht unbefangen gesprochen oder geschrieben werden könne. Denn dieser Aspekt wird entweder verschwiegen oder in nicht ernst zu nehmender Weise glossiert. Es scheint so, als ob immer noch die Feststellung von Bertolt

Brecht zutrifft: „der ‚geist' denkt bei uns immer über den geist nach. die körper und die gegenstände bleiben geistlos. [...] in unserer literatur ist überall dieses mißtrauen gegen die lebendigkeit des körperlichen zu spüren [...]"[3]

Es mag dafür verschiedene Gründe geben. Vielleicht war und ist eine gewisse Befürchtung hinderlich, bei einer Fokussierung auf eine solche Thematik das Risiko einzugehen, viele andere, wesentliche Facetten der Persönlichkeit Goethes, seiner Vita und seines Werkes vernachlässigen zu müssen. Aber andererseits zeigen nicht wenige Veröffentlichungen auch nicht die geringste Zurückhaltung, sich ausführlich und einseitig mit den Krankheiten und Gebrechen Goethes oder mit seinen Mängeln und Fehlleistungen zu befassen oder Autoren wollen auf sich aufmerksam machen, indem sie ihre biografische Darstellung Goethes auf moralisierende Kritik verengen.[4] Eine Auseinandersetzung mit solchen Schriften verspricht allerdings kaum einen Gewinn an Einsichten und Erkenntnissen.

Solche einseitigen Betrachtungsweisen bestärken jedoch den Versuch, Goethes Auffassung von der geistig-körperlichen Harmonie des menschlichen Wesens und sein daraus resultierendes Verhältnis zur Körpererziehung in enger Verkettung und Wechselwirkung mit der Ganzheit seiner Biografie, mit den sie bestimmenden Faktoren darzustellen, mit seinem dichterischen Werk und seinem gesellschaftlichen Wirken, mit dem Geist der Zeit und der Wirklichkeit der Welt, in der er lebte und handelte. Das schließt auch die Sicht auf seine Ausnahmebedingungen ein, die ihn zu einer Ausnahmeerscheinung werden ließen, auch im Hinblick auf seine körperliche Selbsterziehung und Aktivität.

Die Untersuchung dieser speziellen Thematik vollzieht sich deshalb in Teil I und II auf dem Hintergrund seiner Biografie und hebt unter Verzicht auf eine detaillierte chronologische Beschreibung vor allem die Dimensionen eines außerordentlichen Lebens hervor, die beispielsweise von Friedrich Nietzsche 1889 so skizziert wurden: „Goethe konzipierte einen starken, hochgebildeten, in allen Leiblichkeiten geschickten, sich selbst im Zaume habenden, vor sich selber ehrfürchtigen Menschen, der sich den ganzen Umfang und Reichtum der Natürlichkeit zu gönnen wagen darf, der stark genug zu dieser Freiheit ist; den Menschen der Toleranz, nicht aus Schwäche, sondern aus Stärke, weil er Das, woran die durchschnittliche Natur zugrunde gehn würde, noch zu seinem Vorteil zu brauchen weiß; den Menschen, für den es nichts Verbotenes mehr gibt, es sei denn die Schwäche, heiße sie nun Laster oder Tugend [...]"[5]

In Teil III werden Goethes auf positiven und negativen Erfahrungen basierende Auffassungen vom Einfluß der physischen Befindlichkeit auf die geistige Produktivität, vom Nutzen der Selbsterziehung des Körpers und der vernünftigen Lebensweise dargestellt. Merkwürdig ist die Tatsache schon, daß kein Schriftsteller und kein Literaturwissenschaftler so intensiv über diese Zusammenhänge mit der Produktivität der Dichtkunst nachgedacht hat wie Goethe.

Zum anderen wird den literarischen Quellen nachgegangen, die Goethe zur Orientierung auf die geistig-körperliche Harmonie des Menschen inspirierten. Und schließlich wird das von Goethe bekundete große Interesse an der geistig-körperlich harmonischen Bildung der Jugend in seinem literarischen Werk und in seinen praktischen Bemühungen beschrieben.

Diese Erkundungen über Goethes Leben und Werk führen aber einen Pfad entlang, der noch nicht so häufig betreten wurde. Speziell zu Goethes Verhältnis zur Körpererziehung gibt es zwar gute drei Dutzend kleinere Veröffentlichungen (siehe Auswahl B 1 bis 40), die bisher einzige umfassende Darstellung legte Carl Diem 1948 mit seinem 524 Seiten (!) starken Werk vor, dem er mit Bedacht den Titel „Körpererziehung bei Goethe" gab. Wenngleich dieses Quellenwerk zu einer neuen Annäherung an dieses Thema aus heutiger Sicht anregt, kann ein solcher Versuch nur mit aller gebotenen Vorsicht unternommen werden. Denn die Gefahr besteht auch bei dieser Thematik, Goethe einseitig, überdimensional und idealisiert darzustellen, und gerade auch Diem war in vielen seiner Wertungen davor nicht gefeit.

Es heißt: Jeder, der sucht, findet seinen Goethe. Tatsächlich gelangen Annäherungen an Goethe zu den verschiedensten Goethe-Bildern oder zu Mosaiksteinen solcher Bilder, ob über den Weg wissenschaftlich hochkarätiger Analysen seiner Poesie, Prosa und Dramatik, seiner philosophischen, ästhetischen oder naturwissenschaftlichen Ansichten oder auch über die Filterung des Aktenbestandes von Geheimarchiven, je nach dem vorhandenen Interesse. In diesem Falle ist die Spiegelung und Deutung des Verhältnisses des Johann Wolfgang Goethe zur Körpererziehung im Sinne der Einheit von geistiger und körperlicher Persönlichkeitsentwicklung um den Nachweis bemüht, daß es sich zum einen um reales, wahrhaftiges – auf eindeutige Quellen gestütztes – Geschehen handelt, zum anderen um – auf literarische Gestaltfindungen bezogene – Dichtung. Ohne den leisesten Anspruch, sich etwa um ein neues Goethe-Bild zu bemühen, geht es ganz einfach um mehr Transparenz für die Tatsache, daß die Wirklichkeit des Lebens Goethes über viele Jahre hinweg auch aus einer erstaunlichen Fülle und Vielfalt körperlicher – nach heutiger Klassifizierung: sportlicher – Aktivitäten bestand. Sie finden ihren authentischen Nachweis in reichlich vorhandenen Quellen, in den bis ins Detail beschriebenen Fakten in lebensgeschichtlichen Schriften, in Tagebüchern und Briefen Goethes, und sie werden vor allem in seiner Dichtung künstlerisch-ästhetisch eindrucksvoll reflektiert.

Auch Zeugnisse seiner Zeitgenossen sind dafür aufschlußreich und zumeist überzeugend. Allerdings fällt deren Widersprüchlichkeit auf, vor allem in den Urteilen über den Sinn seiner Aktivitäten zur körperlichen Selbsterziehung, über sein körperliches Erscheinungsbild und über sein Verhalten in den verschiedenen Etappen seines Lebens. Die Skala enthält Lob, Verehrung, Vergötterung ebenso wie Enttäuschung, Neid, Boshaftigkeit, ja auch schlichtweg Tratsch. Solche Haltungen – vor allem in extrem subjektiver Fasson – sind natürlich keine guten Ratgeber für das Finden eines wirklichen Bildes von Goethe. Deshalb ist eine kritische Sicht stets geboten.

Außerdem werden Auffassungen zu diesem Aspekt im Leben und Werk Goethes in der Literatur von Nachbetrachtern bewußt einbezogen, die sowohl seine Erinnerungen bestätigen und manchmal dabei sehr übertreiben als auch diese Tatsachen einfach verschweigen oder bewußt gegenteilig interpretieren.

Diesen vielfältigen Quellen nachzugehen hat den unbezwingbaren Reiz, einen Zugang zu Goethe als zu einem Menschen aus Fleisch und Blut, mit Kopf und Körper zu finden, statt sich einem Goethe als Denkmal auf hohem Podest, weit entfernt und unnahbar, nähern zu wollen und auf diese Weise von vornherein jedweden wirklichen Zugang zu verschließen.

Teil I

Heranwachsen zur „vollen Pracht der Jugend"

1.
Im Frankfurter „Nest"

IM JAHRE 1832 FAND CHRISTOPH WILHELM HUFELAND, HOFMEDICUS IN WEIMAR UND einer der Ärzte Goethes, in einem Bericht folgende Worte für sein Erinnerungsbild von seinem Freund und Patienten: „Als Knabe und Jüngling schon sah ich ihn im Jahre 1776 in Weimar erscheinen in voller Pracht der Jugend und des anfangenden Mannesalters. [...] Noch nie erblickte man eine solche Vereinigung physischer und geistiger Vollkommenheit und Schönheit in einem Manne als damals in Goethe [...]"[1]

Christoph Wilhelm Hufeland

Dem sechsundzwanzigjährigen Goethe war bei seiner Ankunft in Weimar schon der Ruf als erfolgreicher Dichter vorausgeeilt. Immerhin kannten die Freunde der Literatur und des Theaters bereits „Die Mitschuldigen" (1768), die „Sesenheimer Lieder" (1771), den „Götz von Berlichingen" (1773), den „Prometheus", den „Clavigo" und „Die Leiden des jungen Werthers" (1774), jene neuartigen, frischen und aufrüttelnden Dichtungen des jungen Goethe, die die Literatur des Sturm und Drang prägten. Dieses beeindruckende Bild, das man von seiner literarischen Schöpferkraft hatte, fand nun seine Ergänzung durch jene starke persönliche Ausstrahlung von geistiger und körperlicher Harmonie, die nicht nur Hufeland bewunderte.[2]

Und dennoch lagen vor diesem ersten Auftritt Goethes in Weimar Jahre der frühen Kindheit und reifenden Jugend, die nicht im geringsten die Wandlung zu einem solchen eindrucksvollen Erscheinungsbild Goethes vermuten ließen.

Der Vater, Johann Caspar Goethe, die Mutter, Catharina Elisabeth Goethe

Allein erblich bildet sich keine „tüchtige physische Grundlage"

Das Talent ist [...] nicht erblich, allein es will eine tüchtige physische Unterlage, diese Auffassung vertrat Goethe eindeutig und in verschiedenen Zusammenhängen,³ und seine Selbstcharakteristik im 6. Buch der „Zahmen Xenien" (1823) ist dafür durchaus aufschlußreich:

Vom Vater hab' ich die Statur,
Des Lebens ernstes Führen,
Vom Mütterchen die Frohnatur
*Und Lust zu fabulieren.*⁴

Die Erinnerungen Goethes an seine kerngesunde, fröhliche, selbstbewußte und immer zu einem Scherz aufgelegte junge Mutter Catharina Elisabeth (Aja), geborene Textor, und seine Beschreibungen des doppelt so alten, strengen, pedantischen und immer übellaunigen Vaters Johann Caspar belegen anschaulich die so unterschiedlichen, ja gegensätzlichen Erscheinungen und Charaktere des Elternpaares.

Noch 1822 klingen Stolz und Freude in Goethes „Campagne in Frankreich 1792" und „Belagerung von Mainz" darüber an, daß frühere Freunde und Bekannte bei einem damaligen Wiedersehen von seiner Mutter schwärmten und *seine große Ähnlichkeit mit ihr in heiterem Betragen und lebhaften Reden mehr als einmal* beteuerten.⁵

Erwähnenswert in diesem Zusammenhang ist nicht zuletzt die Feststellung, daß Goethes Großvater väterlicherseits, Friedrich Georg Göthe, ein thüringischer Schneidergeselle und tüchtiger Wanderer, sein Urgroßvater Hans Christian Göthe ein Hufschmied aus dem thüringischen Artern und wohl naturgemäß körperlich kräftig waren. So könnte davon ausgegangen werden, daß seine Statur, sein körperliches Erscheinungsbild in gewissem Grade genetisch vorprogrammiert war. Jedoch bestätigt der Lebensweg Goethes die allgemeine Erkenntnis, daß sich niemand allein auf die Wirkung des elterlichen Erbguts verlassen kann. Es traten Umstände ein, die den jungen Goethe geradezu zwangen, seinen Körper aktiv und konsequent zu erziehen und zu bilden, und die positiven Erfahrungen dabei wurden für ihn zu einer bestimmenden Motivation für lebensbegleitende vielgestaltige körperliche Aktivitäten, ganz betont etwa zwischen seinem 20. und 40. Lebensjahr.

„Als ich noch ein Knabe war, sperrte man mich ein"

Zunächst war es aber so, daß das am 28. August 1749 unter Schwierigkeiten geborene, wohlbehütete Kind des Kaiserlichen Rats Dr. Johann Caspar Goethe und seiner Ehefrau Catharina mehr als Stubenhocker und Leseratte in der elterlichen Wohnung am Großen Hirschgarten in Frankfurt am Main anzutreffen war. Sein Weltbild gestaltete sich vorerst aus Büchern, so auch aus dem „Orbis sensualium pictus" von Comenius aus dem Jahre 1658, dessen so anschauliche Holzschnitte, durch deutsche und lateinische Texte erklärt, tatsächlich ein Bild von der ganzen sichtbaren Welt zu geben versprachen, von den Himmelskörpern, den Tieren, den Pflanzen, den Mineralien und von allen menschlichen Berufen. Der Knabe Wolfgang war begeistert. Wenn er dennoch hin und wieder die lebhaften Spiele der Nachbarskinder im Freien aus dem Fenster neidvoll verfolgte, konzentrierte er sich selbst immer wieder ganz auf seine Literatur- und Sprachstudien, schrieb schon mit zehn Jahren die ersten Gedichte und erlernte das Musizieren am Klavier sowie das Zeichnen. Wolfgang galt allgemein als geistig hochbe-

Das Geburtshaus von Goethe vor dem Umbau

Cornelia und Wolfgang Goethe von J. K. Seekatz

gabter, aber körperlich schwächlicher und anfälliger Knabe, der häufig erkrankte.

Und es bestand zudem eine besondere Konstellation im Hause Goethe. Der Vater hatte sich den Titel „Wirklicher Kaiserlicher Rat" für 313 Gulden und 30 Kreuzer erkauft, eine reiche Erbschaft gemacht, nie ernsthaft ein Amt bekleidet oder einen Beruf ausgeübt, sondern seine ganze Zeit mit dem Studium und der Sammlung von Kunst verbracht. Nun widmete er sich voll und ganz der Erziehung und Ausbildung seiner Kinder Wolfgang und Cornelia. Und deren beider Mutter ließ ihn gewähren.

Als ich noch ein Knabe war, sperrte man mich ein, heißt es in einem Gedicht (etwa 1774).[6] Von der Außenwelt isoliert, erfaßte ihn allmählich doch *ein Gefühl der Einsamkeit,* wenn er aus den Fenstern der Wohnung im Haus am Hirschgarten sah und hörte. *daß zu gleicher Zeit die Nachbarn in ihren Gärten wandeln und ihre Blumen besorgen, die Kinder spielen, die Gesellschaften sich ergötzen [...], die Kegelkugeln rollen und die Kegel fallen.*[7]

Den direkten, gewissermaßen auch hautnahen Kontakt zu anderen Kindern erlebte der Sechsjährige in der kurzen Periode seines Besuchs einer Elementarschule. Die strenge, unterwürfige Haltung der Schüler, die von den Lehrern gnadenlos erzwungen wurde, entlud sich eines Tages, als ein Lehrer nicht zum Unterricht erschien und drei Knaben begannen, ihren Mitschüler Wolfgang zu verprügeln. Dessen Wut verlieh ihm allerdings den Zorn und die Kräfte, alle drei nicht nur abzuwehren, sondern sie niederzuringen. Darüber berichtete er noch mit 61 Jahren ausführlich und nicht ohne Stolz.[8]

Erst dem Sechzehnjährigen erlaubte der strenge und ehrgeizige Vater die Freiheit, lange Wanderungen in den Wäldern der Umgebung Frankfurts und bis an den Rhein zu unternehmen, er ließ ihn auch im Fechten und Reiten ausbilden. Und diese Erlebnisse beschrieb Goethe in seinen Erinnerungen „Dichtung und Wahrheit" ausführlich:

Wir waren nun herangewachsen, und dem Schlendriane nach sollten wir auch neben anderen Dingen fechten und reiten lernen, um uns gelegentlich unserer Haut zu wehren und zu Pferde kein schülerhaftes Ansehn zu haben. Was den ersten Punkt betrifft, so war uns eine solche Übung sehr angenehm: denn wir hatten uns schon längst Haurapiere von Haselstöcken, mit Körben von Weiden sauber geflochten, um die Hand zu schützen, zu verschaffen gewußt. Nun durften wir uns wirklich stählerne Klingen zulegen, und das Gerassel, was wir damit machten, war sehr lebhaft.

Zwei Fechtmeister befanden sich in der Stadt: ein älterer ernster Deutscher, der auf strenge und tüchtige Weise zu Werke ging, und ein Franzose, der seinen Vorteil durch Avancieren und Retirieren, durch leichte flüchtige Stöße, welche stets mit einigen Ausrufungen begleitet waren, zu erreichen suchte. Die Meinungen, welche Art die beste sei, waren geteilt. Der kleinen Gesellschaft, mit welcher ich Stunden nehmen sollte, gab man den Franzosen, und wir gewöhnten uns bald, vorwärts und rückwärts zu gehen, auszufallen und uns zurückzuziehen und dabei immer in die herkömmlichen Schreilaute auszubrechen. Mehrere von unseren Bekannten aber hatten sich zu dem deutschen Fechtmeister gewendet und übten gerade das Gegenteil.

Goethe um 1763. Getuschter Schattenriß

Diese verschiedenen Arten, eine so wichtige Übung zu behandeln, die Überzeugung eines jeden, daß sein Meister der bessere sei, brachte wirklich eine Spaltung unter die jungen Leute, die ungefähr von einem Alter waren, und es fehlte wenig, so hätten die Fechtschulen ganz ernstliche Gefechte veranlaßt. Denn fast ward ebensosehr mit Worten gestritten, als mit der Klinge gefochten, und um zuletzt der Sache ein Ende zu machen, ward ein Wettkampf zwischen beiden Meistern veranstaltet, dessen Erfolg ich nicht umständlich zu beschreiben brauche. [...] Im ganzen ward nichts entschieden noch gebessert, nur wendeten sich einige zu dem Landsmann, worunter ich auch gehörte. Allein ich hatte schon viel zu viel von dem ersten Meister angenommen, daher eine ziemliche Zeit darüber hinging, bis der neue mir es wieder abgewöhnen konnte [...]

Mit dem Reiten ging es mir noch schlimmer. Zufälligerweise schickte man mich im Herbst auf die Bahn, so daß ich in der kühlen und feuchten Jahreszeit meinen Anfang machte. Die pedantische Handhabung dieser schönen Kunst war mir höchlich zuwider. Zum ersten und letzten war immer vom Schließen die Rede, und es konnte einem doch niemand sagen, worin denn eigentlich der Schluß bestehe, worauf doch alles ankommen solle: denn man fuhr ohne Steigbügel auf dem Pferde hin und her. Übrigens schien der Unterricht nur auf Prellerei und Beschämung der Scholaren angelegt [...] und da der Stallmeister den anderen [...] immer die besten Pferde, mir aber die schlechtesten zu reiten gab, mich [...], wie es schien, hintansetzte, so brachte ich die allerverdrießlichsten Stunden über einem Geschäft hin, das eigentlich das lustigste von der Welt sein sollte. Ja der Eindruck von jener Zeit, von jenen Zuständen ist mir so lebhaft geblieben, daß, ob ich gleich nachher leidenschaftlich und verwegen zu reiten gewohnt war, auch tage- und wochenlang kaum *vom Pferde kam, daß ich bedeckte Reitbahnen sorgfältig vermied und höchstens nur wenige Augenblicke darin verweilte.*⁹

Der jugendliche Wolfgang Goethe genoß diese neuen Erfahrungen wie eine Erlösung vom bisherigen Eingesperrtsein. Und er spürte vielleicht auch eine Linderung seiner physischen Schwächlichkeit, aber das alles reichte keinesfalls aus, seinen gesundheitlichen Zustand definitiv zu stabilisieren. Er mußte aus diesem engen Milieu heraus und neue, wirksamere Wege im Umgang mit seiner eigenen Physis suchen. Und diesen Schritt vollzog er.

2.
„Nach Leipzig in die Welt"

Als Sechzehnjähriger war Goethe nach Leipzig gereist und dort als Studiosus juris Johannes Wolfgang Goethe aus „Francofurt ad Moenum" am 19. Oktober 1765 in die Leipziger Universitätsmatrikel eingetragen worden.¹ Seinen Schritt *nach Leipzig in die Welt* genoß er in vollen Zügen. Die Stadt, die damals rund 30000 Einwohner zählte und ihn durch ihre Modernität und Weltoffenheit stark beeindruckte, hatte dem Jüngling unendlich viel Neues zu bieten. Deshalb drückte sein Ausspruch *Mein Leipzig lob ich mir, es ist ein klein Paris und bildet seine Leute*², der schon im „Faust"-Fragment von 1790 und dann in der Szene „Auerbachs Keller in Leipzig" des „Faust I" zu finden ist, ehrliche Begeisterung aus. Dafür gab es auch gute Gründe.

Goethe um 1768. Gemälde von J. A. Kern

Immerhin empfing ihn an der Alma mater Lipsiensis das ihm völlig ungewohnte Geschehen des Studienbetriebs. Das Selbstbewußtsein der damals bedeutendsten deutschen Handelsstadt und ihrer Bürger „durchwehte auch die Universität und machte sie zu der weitaus besten deutschen Hochschule".³ Sich viele Jahre später erinnernd, verglich Goethe seine akademische Heimat unter einem ganz speziellen, das wissenschaftliche Leistungsniveau nicht tangierenden Aspekt: *Jede der deutschen Akademien hat eine besondere Gestalt [...]. In Jena und Halle war die Roheit aufs höchste gestiegen, körperliche Stärke, Fechtergewandtheit, die wildeste Selbsthülfe war dort auf der Tagesordnung; und ein solcher Zustand kann sich nur durch den gemeinsten*

*Saus und Braus erhalten und fortpflanzen [...]
Dagegen konnte in Leipzig ein Student kaum
anders als galant sein [...] und so glaubten jene
wilden Jäger von der Saale über die zahmen
Schäfer an der Pleiße ein großes Übergewicht
zu haben.*⁴

In Leipzig vervollkommnete Goethe auch seine Ausbildung als Zeichner bei seinem verehrten Lehrer A. F. Oeser, dem Direktor der Malerakademie in der Pleißenburg, der Goethes Schönheitssinn entscheidend prägte, der ihm auch den geistigen Reichtum der Kunsttheorie und -geschichte Johann Joachim Winckelmanns, vor allem dessen Begeisterung für die antike Kunst, zu erschließen verstand. Goethe entdeckte in dieser Zeit seine Liebe zum Theater, erlebte dort nicht nur interessante Aufführungen wie „Minna von Barnhelm" von Lessing (1767), sondern sah auch hinter die Kulissen, um den Theaterbetrieb und die Akteure, so die Schauspielerin Corona Schröter, kennenzulernen.

Leipziger Student. Aus einem Stammbuch

Jenaer Studenten. Aus einem Stammbuch

Adam Friedrich Oeser

Johann Christoph Gottsched

Corona Schröter *Johann Gottlob Immanuel Breitkopf*

In Leipzig hatte er bereits im ersten Studienjahr auch mit dem greisen Dichter Gottsched eine Begegnung, die aber eine Enttäuschung für ihn bedeuten sollte. Zum anderen lernte er die Verleger und Buchhändler Reich und Breitkopf, den gräflichen Hofmeister Behrisch, den Weinhändler Schönkopf und viele andere hochinteressante Persönlichkeiten Leipzigs kennen und schätzen. Hier genoß er auch die gemütlichen und manchmal recht ausgelassenen Runden in Auerbachs Keller, in Apels Garten oder auch am Mittagstisch für Akademiker, darunter auch eine Reihe von Medizinern, in Schönkopfs Weinhaus am Brühl.

Wanderungen zur „Bilderjagd auf poetisches Wildpret"

Weniger bekannt ist die Tatsache, daß der Student Goethe viele Stunden in der reizvollen Landschaft, von der Leipzig umgeben war, verbrachte. Sie lockte ihn zu häufigen *einsamen Spaziergängen* in alle Himmelsrichtungen.[5] (Karte S. 20) Von seiner Wohnung in der „Großen Feuerkugel" am Neumarkt 3 aus gelangte er schnell zu einem der Stadttore, um dann in der freien Natur zu wandern. Im Norden gelangte er in das parkbestandene Pleiße- und das Elstertal, ins Rosental und auch nach Gohlis und Wahren, wo er bei einem Sturz in einen Nebenbach fast ertrank. Im Westen wanderte er nach Plagwitz und zum „Kuhturm" bei Lindenau und im Osten am schattigen Ufer der Rietschke entlang und dann weiter bis nach Reudnitz, um im Kuchengarten von Händel, dem er eine parodistisch gehaltene Ode widmete, einzukehren. Dieser Weg, etwa eine Stunde wandernd fortgesetzt, führte ihn auch zum Landgut Sellerhausen, um dort den Buchhändler Reich, der gerade die „Buchhandelsgesellschaft Deutschland" gegründet hatte, zu besuchen. In Richtung Süden zog es ihn häufig nach Connewitz, vor allem zum Landsitz seines Zeichenlehrers Oeser in Dölitz und manchmal auch zum Jagdhaus Raschwitz. Darüber berichtete er seiner Schwester Cornelia in einem Brief vom 14. Oktober 1767: *Bey gutem Wetter laufe ich eine gute Meile von der Stadt auf ein Jagdhauss, esse Milch und Brodt und komme noch vor Abends wieder.*[6]

In erster Linie waren diese ausgiebigen Wanderungen durch die Natur der Leipziger Umgebung immer eine *Bilderjagd* – ein Wort, das Ewald von Kleist geprägt hatte – *um poe-*

Ansicht von Leipzig auf dem Wege nach Connewitz

Auf der Brücke nach dem Rosentale zu

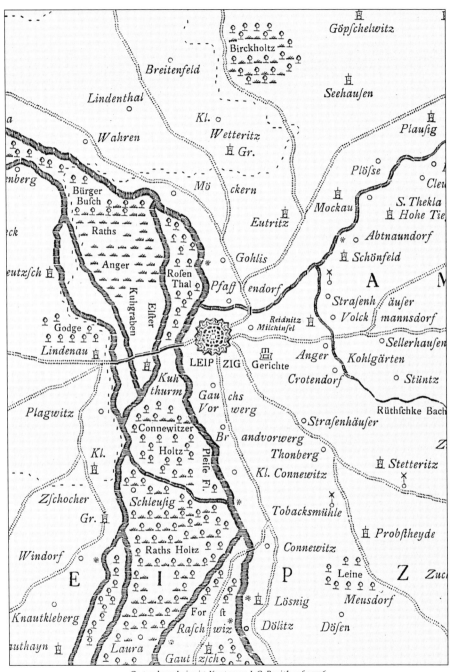

Gegend um Leipzig. Karte von J. G. Breitkopf 1776

tisches Wildbret darin aufzusuchen.[7] In diesem Sinne folgte er dem Rat seines Lehrers Oeser, die Fähigkeit zur Beobachtung der Wirklichkeit, der *Gegenstände wie sie sind,* zu üben. *Das Auge war vor allen anderen das Organ, womit ich die Welt faßte,* und das blieb zeitlebens so.[8]

Wie das Wohlgefühl, beobachtend wandernd, ihn

Aus Groß-Bosens Garten

anregte, ist schon in der Sprache seiner frühen Poesie der Leipziger Jahre nachzuempfinden, vor allem in der Sammlung „Neue Lieder". Und als er 1768 mit dem im Rokokostil gehaltenen Schäferspiel „Die Laune des Verliebten" überraschte, bemerkte er, daß er es *als ein Schäfer an der Pleiße* aus eigenem Erleben heraus geschrieben hätte.[9]

Solche Wanderungen in der freien Natur, gerade wenn sie oft mehr tüchtigen Märschen glichen, empfand der junge Goethe auch als Wohltat für die Besserung seines allgemeinen gesundheitlichen Befindens, für die Kräftigung seiner körperlichen Kräfte. Angeregt dazu hatte ihn das Werk von Jean-Jaques Rousseau „Émile" (1762), in dem ein möglichst naturgemäßes Leben gefordert wurde, eine vernünftige, nutzbringende Arbeit und eine körperliche Ausbildung des jungen Menschen als Voraussetzung seiner geistigen Tätigkeit. Diese neuen Gedanken zogen allgemeine Aufmerksamkeit auf sich. Goethe, offenbar davon angeregt, machte bei seinen Wanderungen ganz bewußt an den Flüssen oft Pausen, um nackt zu baden und sich abzuhärten. In dem Gedicht „Unbeständigkeit" (erschienen 1769) reflektierte er dies dann so:

Im spielenden Bache, da lieg' ich wie helle,
Verbreite die Arme der kommenden Welle,
Und buhlerisch drückt sie die sehnende Brust.
Dann trägt sie ihr Leichtsinn im Strome darnieder,
Schon naht sich die zweite und streichelt mich wieder:
Da fühl' ich die Freuden der wechselnden Lust.[10]

Ansonsten fiel er aber durch besondere körperliche Aktivitäten nicht auf, denn er betätigte sich im sportlichen Sinne nicht mehr, als allgemein unter den Studenten damals üblich war. Das gerade erlernte Reiten vernachlässigte er, vielleicht verlor er auch – zumindest für die Leipziger Zeit – die Lust daran, nachdem er im Oktober 1767 bei einem Ritt vor die Stadt von seinem durchgehenden Pferd stürzte und sich verletzte. Zum weiteren Üben im Fechten fand er keinen Zugang, weil ihm der altmodisch-höfische Stil der Fechter in Leip-

Anna Katharina Schönkopf

Friederike Oeser

zig nicht zusagte, obwohl er das bisher in Frankfurt Erlernte einmal sehr praktisch anwenden konnte. Nachdem er einen seiner Kommilitonen im Foyer des 1766 eröffneten Leipziger Komödienhauses aus lauter Übermut beleidigt hatte, forderte dieser ihn zum Duell auf, das Goethe zwar bestand, aber das ihm auch eine Verletzung am Oberarm eintrug.

Dafür liebte der Student Goethe die Geselligkeit sehr, gewann Freunde und auch Freundinnen, wie Friederike Oeser, die Tochter seines Zeichenlehrers, und Käthchen Schönkopf, die Tochter des gastfreundlichen Weinhändlers, die er Anette nannte.

Er kleidete sich nach der geltenden Mode: *Das erste, was die Frauen an mir tadelten, bezog sich auf die Kleidung; denn ich war vom Hause freilich etwas wunderlich equipiert auf die Akademie gelangt.[...] Ich, diese Art von Aufzug schon gewohnt, hielt mich für geputzt genug; allein es währte nicht lange, so überzeugten mich meine Freudinnen, erst durch leichte Neckereien, dann durch vernünftige Vorstellungen, daß ich wie aus einer fremden Welt herein geschneit aussehe. Soviel Verdruß ich auch hierüber empfand, sah ich doch anfangs nicht, wie ich mir helfen sollte.*

Als aber eine Figur in einem Theaterstück wegen einer ähnlichen Bekleidung *herzlich belacht wurde, faßte ich Mut und wagte, meine sämtliche Garderobe gegen eine neumodische, dem Ort gemäße, auf einmal umzutauschen, wodurch sie aber freilich sehr zusammenschrumpfte.*[11]

Sich „neumodisch" zu kleiden und zu bewegen, muß er allerdings dann wohl übertrieben haben, denn Kommilitonen berichteten, daß das stutzerhafte Gebaren des Studenten Goethe „lächerlich" und „unerträglich" wirkte.[12] Wie auch immer, er führte das Leben eines wohlsituierten jungen Mannes, glücklich, aus der Enge seiner bisherigen Lebenssituation in Frankfurt nach Leipzig gekommen zu sein. Dennoch schwankte seine Stimmung in jenen Jahren *zwischen den Extremen von ausgelassener Lustigkeit und melancholischem Unbehagen.*[13]

Er studierte zwar mit *Heißhunger nach Kenntnissen* an der Universität, auch in seinem Hauptfach, obwohl ihn die Vorlesungen im Hörsaal des „Juridicums" in der Peterstraße entsetzlich langweilten. Überhaupt war er mit den meisten seiner Hochschullehrer in seinem Fach unzufrieden, weil deren Lehrangebote ihn unterforderten. Sein Wissensdrang war aber schwer zu stillen, und so wandte er sich deshalb auch Lehrveranstaltungen in der Medizin und in den Naturwissenschaften zu.[14]

Dem „sitzenden und schleichenden Leben" entgegenwirken

Unter den Lehrkräften der Leipziger Universität war allerdings einer, der den Studenten Goethe auf ganz eigentümliche Weise und dazu auf einem scheinbaren „Nebengebiet" beeindruckte, denn er vermittelte im „Philosophischen Auditorium" Erkenntnisse, die von prägendem Einfluß auf den künftigen Lebensweg und die Lebensweise Goethes werden sollten. Es war der

Christian August Clodius, Professor in Leipzig

weithin bekannte Dichter von Fabeln, Liedern und Erzählungen Christian Fürchtegott Gellert, der als Professor für Poesie, Beredsamkeit und Moral den Blick der Studenten für ganz neue Einsichten zu öffnen sich bemühte.

Goethe bewunderte ihn als *den edlen Mann,* der eine fesselnde Weise zu sprechen hatte und sich selbstbewußt, kultiviert und zugleich zurückhaltend gab. Bei Gellert wurde er auch in die soliden Grundlagen einer wirksamen Rhetorik eingeführt: sprachliche Gewalt mit sachlicher Überzeugungskraft und natürlichem Ausdruck zu verbinden. Das war eine eindeutige Abkehr von der Alltagssprache und der Lyrik des Rokoko. Goethe nahm sie als Lehre für das ganze Leben in sich auf. Ganz besonders ging die Anziehungskraft Gellerts von seinen überraschenden Ansichten aus, die er in den „Moralischen Vorlesungen" mit hohem wissenschaftlichen Anspruch anschaulich und eindringlich vortrug. Wenngleich manches *in einem etwas hohlen und traurigen Tone* vorgetragen wurde, so war der Hörsaal *in solchen Stunden gedrängt voll,* erinnerte sich Goethe später.[15] Er hörte gebannt zu, denn hier eröffnete sich vielleicht der Weg, dem *sitzenden und schleichenden Leben* entgegenzuwirken.[16]

Und das war nicht verwunderlich, denn da waren von einem akademischen Katheder herab ganz unerwartete neue Gedankengänge zu hören: Der gesunde und kräftige Körper schaffe Freude und Nutzen, das Gefühl eigener Gesundheit mache Mut zu allen, auch geistigen Unternehmungen des Lebens; das komme jedoch nicht von allein, sondern bedürfe der Pflege und Übung; ein fester und abgehärteter Körper biete das Glück!

Gellert entwickelte immerhin in drei von sechsundzwanzig seiner „Moralischen Vorlesungen" seine Ansichten zu dieser Thematik. So sprach er beispielsweise in der 11. Vorlesung „Von der Sorgfalt für die Gesundheit des Körpers" und in der 12. Vorlesung „Von den Fehlern, welche der vernünftigen Sorge für die Gesundheit entgegenstehen, desgleichen von der Sorgfalt, einen festen und dauerhaften Körper zu erlangen". Er verband seine vorgetragenen Grundsätze mit praktischen Vorschlägen für die körperliche Übung und Kräftigung, von der Bewegung in der freien Natur über das Baden im kalten Wasser und die Pflege der körperlichen Reinlichkeit bis zur Mäßigkeit im Essen und Trinken.

Der Ausgangspunkt Gellerts war seine feste Überzeugung, daß es sich um eine moralische Pflicht handle, als Jüngling „begierig nach Leibesübung" zu

Christian Fürchtegott Gellert

sein, „die seine Nerven anstrengen und befestigen und seinen Körper zur Erduldung der Arbeit und der mannigfachen künftigen Beschwerden des Lebens abhärten soll."

Und er ermahnte seine jungen Zuhörer: „Ein gesunder, fester Körper, wieviel Freude und Vorteil verschafft er uns in der Welt! Seine Gesundheit wissentlich verderben, ist vor der Vernunft und dem Gewissen eine Art von freiwilliger Giftmischerei. Der Verlust unserer Gesundheit, wenn er unser Werk ist, ist [...] ein Raub. Das Gefühl gesunder Kräfte gibt Mut zu Unternehmungen."

Gellert verband seine grundsätzlichen Ratschläge mit der Darstellung erfolgversprechender praktischer Schritte: „Fange mit leichter Bewegung an und steigere stufenweise! [...] Bewegung in heiterer Luft ist heilsamer als in eingeschlossenen Zimmern [...]. Durchstreife die Felder, steige auf die Berge [...]. Besteige das Roß."

Die Leibesübungen müssen faciles et breves, also leicht und kurz sein; im Winter müsse man sich stärker in Bewegung halten; seinen Durst solle man mit Wasser stillen, sich an frische Bäder im kalten Wasser gewöhnen, auf hartem Boden schlafen, „vor der rauhen Luft nicht zitternd fliehen, und auch im heißen Sommer uns anstrengen lernen. Alle Leibesübungen härten den Körper und machen ihn unser. Alles, was der freie Gebrauch des Körpers in unsere Gewalt bringen hilft, das befördert auf gewisse Weise den Anstand. Daher sind alle Leibesübungen, die nach Regeln vorgenommen werden, wo nicht die einzigen, doch die sichersten Mittel dazu [...] Wenn auch das Fechten nie zur Abwehr der Gefahren diente: so wäre es doch vielleicht darum nützlich, weil es unsere Gliedmaßen nach Regeln aus ihren schläfrigen und unbiegsamen Stellungen zieht, sie gefügig und stark macht, und also den Anstand des Körpers erleichtern hilft. So gibt das Reiten, außer dem Anstand und der Sicherheit zu Pferde, natürlich auch einen Anstand, den Körper zu tragen, insofern es uns den Körper im Gleichgewicht frei und mit wenig Mühe halten lehrt."[17]

Die Studenten nahmen diese Überlegungen und Anregungen ihres Professors offenbar mit großem Interesse auf, denn *jedermann wünschte es sehnlich jenes Werk gedruckt zu sehen*, wie sich Goethe erinnerte.[18] Das Buch „Moralische Vorlesungen" in zwei Bänden erschien aber erst 1770 in Leipzig, also ein Jahr nach dem Tod des Dichters und Gelehrten Christian Fürchtegott Gellert.

Obgleich sich Goethe ziemlich gekränkt fühlte, daß der Poesie-Professor Gellert auf die ihm vorgelegten literarischen Versuche seines Studenten wie auch generell auf die damalige Gegenwartsliteratur ablehnend und ohne Verständnis reagierte, waren und blieben die so überzeugend begründeten Ansichten und Vorschläge zur gesunden Lebensweise eine Offenbarung für ihn. Er begriff sie als Hinweise auf einen Ausweg für sich, weil er bisher *auf mancherlei unsinnige Weise in seine physische Natur stürmte*. Und das *hat sehr viel zu den körperlichen Übeln beigetragen, unter denen ich einige der besten Jahre meines Lebens verlor,* erinnerte er sich später.[19]

Er erkannte, daß seine bisherige Ausbildung im Fechten und Reiten nichts weiter als ein standesgemäßer modischer Brauch war, ein Statussymbol nur wie die elegante Kleidung auch, daß er aber dringend die Kräftigung seiner körperlichen Konstitution brauchte, um eine positive Wirkung gegen das *sitzende und schleichende Leben* zu erzielen. Aber die praktische Umsetzung der Gellertschen Vorschläge verlief zunächst weder konzentriert noch systematisch. Von seinen neuen Angewohnheiten sich zu trennen fiel ihm offenbar nicht leicht. Etwa vom *schweren Merseburger Bier, das erstemal schauert man, und hat man's eine Woche getruncken, so kann man's nicht mehr lassen.* Auch bekam ihm der Kaffee nicht. Nur das Rauchen verabscheute er damals schon wie dann lebenslang. Aber der Champagner bereitete ihm offenbar häufig das Vergnügen, *sein Blut in eine angenehme Hitze zu setzen und seine Einbildungskraft aufs äusserste zu entzünden.* Einem Freund gestand er jedoch in einem Vollrausch brieflich: *Gute Nacht ich binn besoffen wie eine Bestie.*[20]

Das alles verzögerte natürlich seine gesundheitliche Stabilisierung. Hinzu kamen offenbar falsche Ratschläge von Ärzten, die er wegen seiner Beschwerden konsultierte. „Von einem Arzt [...] bekam Goethe den Rat, er möge so oft wie möglich kalt baden und anschließend nicht etwa in ein warmes Bett kriechen, sondern sich auf dem blanken Fußboden hinstrecken. Ein anderer Arzt empfahl ihm das ungefähre Gegenteil, er solle dicke Kleider tragen, sommers wie winters, und die entsprechende Körperwärme noch zusätzlich anstauen, was soviel hieß wie: schwitzen und nicht klagen."[21]

Goethe erkannte dies dann doch als *Torheiten, im Gefolg von mißverstandenen Anregungen von Rousseau,*[22] aber seine Bemühungen, seine Gesundheit zu festigen, waren durch das Schwanken zwischen Entschlossenheit und Inkonsequenz festgefahren.

Geht man von diesem seinerzeitigen gesundheitlichen Status des Studenten Wolfgang Goethe aus, so fällt es schwer, von dem 1903 von Carl Seffner geschaffenen Goethe-Denkmal auf dem Leipziger Naschmarkt abzuleiten, daß es dem wirklichen Erscheinungsbild Goethes in den Jahren 1765 bis 1768 entsprechen würde. Nach allen überlieferten Erinnerungen muß es schlicht verneint werden. Abgesehen von der Kleidung, gleichen Statur und Haltung der Denkmalsfigur, für die der 28jährige, körperlich durchtrainierte, wohlgeformte Turnlehrer (!) Carl Wehner dem Bildhauer Modell stand, nicht der realen Erscheinung Goethes in seinen Leipziger Studentenjahren. Aber so wünschte man sich das Denkmal des „jugendschönen" Dichters, das interessanterweise zunächst im Rosenthal seinen Platz finden sollte, also an einer Stätte seiner Wanderungen durch die Natur.[23] Es spricht für den Schöpfer des Denkmals, daß er in einer Art von künstlerischer Vorwegnahme ein Bild Goethes schuf, das in Wirklichkeit erst anläßlich seiner Kurzbesuche der Pleißestadt etwa 1776 bot, nämlich das eines selbstbewußten, wohlgestalten jungen Mannes, eines „kraftstrotzenden, gereiften" Goethe.[24]

Die in Leipzig gewonnene Einsicht und dann daraus wachsende Konsequenz Goethes, den Weg einer körperlichen Selbsterziehung zu verfolgen, haben allerdings diesen Wandel entscheidend beeinflußt. Als er im Sommer 1768 eine Lungenblutung auf Grund einer tuberkulösen Infektion erlitt, war das ein herber Rückschlag für ihn. Seine ungesunde Lebensweise war ganz offensichtlich durch seine Bemühungen zur Stärkung der körperlichen Konstitution nicht kompensiert worden. Er mußte das Studium in Leipzig abbrechen und nach Frankfurt zurückkehren, um *vor allen Dingen sowohl körperlich als geistig* *einige Beruhigung eintreten zu lassen.*²⁵ Krank kehrte er in seine Heimatstadt zurück, ohne akademischen Abschluß und auch ohne einen großen Teil seiner in Leipzig verbrannten frühen poetischen Texte. Es war für ihn ein Fiasko.

Seine Genesung zog sich hin, weil er erneut schwer erkrankte. Aber das war auch zugleich ein Anlaß, über sich und sein bisheriges Leben, über die scheinbar nicht zu beeinflussende, aber nicht einfach hinnehmbare Macht des eigenen Körpers über seine Empfindungs- und Handlungsfähigkeit nachzudenken. Er entschloß sich, etwas gegen seine Abhängigkeit vom Zustand seiner Physis zu tun. Denn er haßte es, Gefangener von etwas zu sein, von einer Krankheit oder in welcher Beziehung auch immer.

Goethe in seinem Frankfurter Arbeitszimmer. Selbstportrait

Als er im Januar 1770 einen ersten ausgiebigen Spaziergang über die verschneiten Wege vor den Toren der Stadt Frankfurt unternahm, wußte er, daß er genesen war, wenngleich er sich nicht schon völlig gesund fühlte.

3.
In Straßburg wuchs
„die Offenheit eines frischen, jugendlichen Mutes"

Froh, die Krankheit überstanden zu haben, fühlte sich der junge Goethe geistig geradezu ausgehungert und deshalb ganz besonders aufnahmebereit für neue Anregungen. Aber auch die Entschlossenheit, seine körperlichen Kräfte zu stärken, nahm er nach seiner Ankunft 1770 in Straßburg sehr ernst. Er wollte sich unbedingt vor erneuten Erkrankungen schützen und deshalb physisch und psychisch abhärten, immer noch der Motivation folgend, die er aus den Schriften von Rousseau und den Vorlesungen von Gellert bezogen hatte.

Hier in Straßburg fand er die Zeit und auch den richtigen Freundeskreis, um jede Möglichkeit zu nutzen, sich in der freien Natur wandernd und reitend zu bewegen und sich im Fechten zu vervollkommnen, hier wuchs *die Offenheit eines frischen, jugendlichen Mutes.*[1] In diesen Jahren reifte er zu einem körperlich kraftvollen, lebensfrohen und selbstsicheren jungen Mann heran, wie sich Zeitgenossen jener Jahre lebhaft erinnerten.

Goethe in Straßburg. Zeichnung von D. Chodowiecki

Das Jurastudium als Pflicht, andere Fächer als Kür

Goethes Vater wollte, daß sein Sohn die in Leipzig gescheiterten Bemühungen in Straßburg fortsetze, nämlich eine solide Ausbildung als Jurist mit dem Erwerb des Titels „Doctor beyder Rechten" abzuschließen. Aber die Straßburger Jahre setzten für den weiteren Lebensweg Goethes ganz andere Akzente.

Zunächst: Nach einem relativ kurzen Jura-Studium, dessen Abschluß das mit ihm veranstaltete Pauken durch einen Repetitor forcierte, legte er zwei Vorexamina ab. Die danach von ihm vorgelegte Dissertation wurde aber vom Dekan der Juristischen Fakultät abgelehnt. Daraufhin schrieb Goethe ein Traktat von 56 Thesen, das ihm den akademischen Abschlußtitel „Licentiatus Juris" einbrachte und damit die Berechtigung, sich als Advokat niederzulassen. Nach seinen eigenen Worten war seine *Promotion [...] am 6. August 1771 geschehn.*[2] Ob mühselig oder leicht erworben, ihn schmückte von nun ab der Doktortitel.

Wie sich in der Folgezeit erweisen sollte, bereitete ihm die einengende Tätigkeit als Advokat wie auch ein Dienst bei Gericht Verdruß und Langeweile. Gleichwohl sollte ihm andererseits gerade diese Ausbildung als Jurist in späteren Jahren noch von hohem Nutzen sein. Aber das konnte er zu jenem Zeitpunkt kaum ahnen.

Der Student Goethe war im übrigen sehr häufig in Lehrveranstaltungen ganz anderer Fakultäten anzutreffen, so auch bei den Historikern. Er ging auch seinem Interesse an naturwissenschaftlichen Problemen nach, bei den Chemikern und Pharmazeuten, besonders aber bei den Medizinern, von denen einige auch zur Runde seiner Tischgesellschaft zählten. Was er in Vorlesungen, Hospitationen bei Visiten der Professoren für Medizin lernte, konnte er sogar unmittelbar anwenden. Denn er entschied sich, für viele Wochen einen seiner neuen Freunde als Krankenpfleger zu betreuen, den Pfarrer und Schriftsteller Johann Gottfried Herder nämlich, als dieser eine Augenfistel-Operation auskurierte. Und er assistierte einem Chirurgen auch bei einem weiteren, äußerst schmerzhaften Eingriff, dem sich Herder unterziehen mußte.

Goethes Thesen zur Erlangung des Lizenziaten der Rechte

Johann Gottfried Herder

Physische und psychische Abhärtung

Neben diesen Studien im Hauptfach und in seinem selbstgewählten Fach Medizin, neben seinen Bemühungen um körperliche Kräftigung durch Wandern, Reiten und Fechten entschloß er sich, konsequent gegen Ängste und Hemmungen jeder Art vorzugehen und sich abzuhärten gegen Fremdeinwirkungen auf sein Verhalten. Er wollte also aus seinem Nachdenken in der Zeit seines Krankseins Konsequenzen ziehen und erreichen, daß es für sein Tun und Handeln künftig keinerlei Abhängigkeiten von solchen Schwächen geben würde.

Ich befand mich in einem Gesundheitszustand, der mich bei allem, was ich unternehmen wollte und sollte, hinreichend förderte; nur war mir noch eine gewisse Reizbarkeit übriggeblieben, die mich nicht immer im Gleichgewicht ließ. Ein starker Schall war mir zuwider, krankhafte Gegenstände erregten mir Ekel und Abscheu. Besonders ängstigte mich ein Schwindel, der mich jedesmal befiel, wenn ich von der Höhe herunterblickte. Allen diesen Mängeln suchte ich abzuhelfen und zwar, weil ich keine Zeit verlieren wollte, auf eine etwas heftige Weise.[3]

Laute Geräusche lösten Schmerz und Zorn bei ihm aus. Das mußte er überwinden. Also lief er beim Zapfenstreichumzug dicht neben den Trommeln mit. Arthur Schopenhauer, der Goethe sehr verehrte, erwähnte dies in seiner Abhandlung über die menschlichen Sinne als Beispiel: Der Dichter sei „schon in seiner Jugend der Trommel nachgegangen, um sich gegen Geräusch abzuhärten".[4]

Arthur Schopenhauer

In seiner Straßburg Studentenzeit steigerte Goethe sein Bemühen um psychische und physische Abhärtungen durch Mutproben auf vielfältige Weise. Er hatte Angst vor der Dunkelheit, also ging er nachts zitternd auf Friedhöfe, um diese Furcht loszuwerden.[5]

Nachgerade harmlos und mehr amüsant ist eine Begebenheit, die sich in einem Straßburger Tanzlokal zutrug. Goethe galt als schlechter Tänzer und empfand dies selbst auch so. Ihm fehlten deshalb Mut und Lust zum Tanzen. Nun begann er dies als eine Einengung für sich und seine Chancen bei jungen Mädchen zu sehen. Also überwand er sich und nahm erneut Tanzunterricht. Seine Hemmungen waren weg, er wurde allerdings nie ein guter Tänzer. Weniger spaßig, sondern eher makaber sind hingegen die Schilderungen, wie Goethe sich eine ganz anders geartete Mutprobe zur Aufgabe machte: Er hospitierte im Leichenschauhaus und sah den Pathologen bei ihrem Tun über die Schulter. Abhärtung der Gefühle durch bewußten Anblick des Schrecklichen, Häßlichen und Traurigen in dieser Szenerie, das war der Sinn seiner Anwesenheit in diesem, normalerweise Fremden den Zutritt verwehrenden, Milieu.[6]

Der Höhepunkt der Mutproben-Serie war allerdings die Erfüllung seines Vorsatzes, die Höhenangst zu überwinden. Dazu suchte er sich gleich nach seiner Ankunft in Straßburg den Turm des Münsters aus, den er ohne Begleitung bestieg. Das war nicht nur eine beachtliche physische Leistung, sondern bewies auch seinen Mut zum Risiko. Und er war fortan schwindelfrei. Das hatte immerhin seinen praktischen Nutzen, der sich sich später beim Besteigen hoher Berge, der Schweizer Alpen oder des Vesuvs in Italien bewährte.[7] Und nicht nur dort, sondern auch dann, wenn er als Regierungsverantwortlicher zu Inspektionen in die Bergwerke des Herzogtums ging oder wenn er als Reisender in den antiken Ruinen Italiens herumkletterte. Auch die Bauaufsicht in Weimar übte er schwindelfrei und ohne Höhenangst aus und lief *mit den Zimmerleuten um die Wette über die freiliegenden Balken und über die Gesimse des Gebäudes.*[8]

Das Training Goethes, sich durch Mutproben gegen Ängste und Einengungen seines Handelns psychisch abzuhärten, hatte eine gewisse Langzeitwirkung. Aber in seinen späten Lebensjahren ging er allem Lärm und Trubel, allen verwirrenden Situationen und häßlichen Szenen möglichst aus dem Wege.

Für die Zukunft entscheidende Begegnungen

Als großen Gewinn für seinen gesamten weiteren Lebensweg betrachtete Goethe die Straßburger Begegnungen und beginnenden Freundschaften, vor allem, weil sie ihn zu ganz neuen, tiefgehenden Erkenntnissen der Literatur und Kunst führten. Von prägendem Einfluß war die Begegnung 1771 mit dem fünf Jahre älteren Johann Gottfried Herder, der zu seinem Freund und zugleich einflußreichsten Lehrer und schonungslosesten Kritiker jener sieben Monate Zusammenseins in Straßburg wurde. Er *schüttelte mich kräftiger auf, als er mich gebeugt hatte,* urteilte Goethe später.[9] Herder seinerseits fand Gefallen an der hartnäckigen Wißbegierde des Studenten Goethe und hatte selbst Freude daran, ihn für die großen Dichter und bedeutenden Werke der Weltliteratur, vor allem auch für Homer, den Goethe schon als Kind gelesen hatte, und für Shakespeare, für die unverfälschte volkstümliche Poesie, ihren liedhaften Ton sowie für die Geschichte der Kunst zu interessieren. Und zugleich zerstörte er dabei so manche Voreingenommenheit Goethes zu dessen eigenem Nutzen.

Unter dem Einfluß Herders veröffentlichte Goethe seinen Aufsatz „Von deutscher Baukunst" (1772), der sich zwar mit der Architekturleistung des Baumeisters des Straßburger Doms Erwin von Steinbach beschäftigte und seine Vorurteile gegen die Kunst der Gotik als überwunden zu erkennen gab, der vor allem aber zum Credo seines Künstlertums überhaupt wurde. Er verkündete eine Kunstauffassung ganz neuer Art, frei von Zunftgepflogenheiten, nicht eingezwängt in ein Regelwesen, sondern orientiert an der Dramatik eines William Shakespeare und über die Ansichten von Winckelmann und Lessing über das Wesen der Kunst weit hinausgehend.

Und Goethe beließ es nicht bei einem nur theoretischen Credo, sondern schuf auf dieser Grundlage dann Werke von unglaublicher Resonanz.

Titelblatt der anonym erschienenen Urfassung,

Sie förderten nachhaltig die Verbreitung des fortschrittlichen Geistes und der Ziele der Sturm-und-Drang-Bewegung, und daß er dazugehörte, bewies Goethe mit seinem literarischen Schaffen in der Straßburger Zeit. Wichtig waren für Goethe auch Begegnungen wie die mit seinem Kommilitonen und Freund Jakob Michael Reinhold Lenz, dem Dichter der als Komödie getarnten Tragödie „Der Hofmeister", der 1776 für kurze Zeit nach Weimar kam, bis die Freundschaft bald darauf zerbrach. In dieser Straßburger Zeit setzte Goethe sein körperliches „Training" konsequent fort, ermuntert durch seinen Medizinprofessor, der den Studenten eindringlich riet: „Geben Sie Ihrem Körper Bewegung, durchwandern Sie zu Fuß und zu Pferde das schöne Land [...]"[10]

Neben Wanderungen durch das Elsaß, oft am Ufer des Rheins, war es das Fechten, das er auf ganz neue Weise begriff und praktizierte, vermittelt durch seinen Kommilitonen Lerse: „An Gestalt war er gut gebildet, schlank und von ziemlicher Größe. [...] er führte ein sehr gutes Rapier, und es schien ihm Spaß zu machen, bei dieser Gelegenheit alle Pedanterie dieses Metiers an uns auszuüben. Auch profitierten wir bei ihm wirklich und mußten ihm dankbar sein für

Jakob Michael Reinhold Lenz

manche gesellige Stunde, die er uns in guter Bewegung und Übung verbringen ließ. Durch alle diese Eigenschaften qualifizierte sich nun Lerse völlig zu der Stelle eines Schieds- und Kampfrichters bei allen kleinen und größern Händeln, die in unserm Kreise, wiewohl selten, vorkamen."[11]

Goethe unternahm weitläufige Ausflüge zu Pferde, das diente seiner körperlichen Kräftigung und ermöglichte ihm, Land und Leute des Elsaß kennenzulernen. *Gestern waren wir den ganzen Tag geritten, die Nacht kam herbey und wir kamen eben aufs Lothringische Gebürg, da die Saar im lieblichen Thale unten vorbey fließt,* berichtete er in einem Brief am 27. Juni 1770.[12]

Hinzu kam ein anderer Grund für seine Ausritte. Um seine schwärmerisch geliebte Friederike Brion, die Pfarrerstochter im 25 Kilometer entfernten Sesenheim, zu treffen, bewältigte er siebenmal reitend die Strecke von Straßburg, manchmal an einem Tag hin

Das Pfarrhaus von Sesenheim. Zeichnung von Goethe 1770

- 33 -

und zurück. Er fühlte sich im Kreise dieser liebenswerten Familie sehr wohl, und auch die Schönheit und Ruhe des Landlebens, öfter für einige Tage, zu genießen war für seine weitere Gesundung ideal. Zu einem der schönsten Lieder aus dieser Zeit, zu den „Sesenheimer Liedern" (1771), zählt „Willkommen und Abschied". Laut vorgetragen klingt in den Verszeilen der Rhytmus des Galopps beim stürmischen Davonreiten förmlich mit:

Es schlug mein Herz, geschwind zu Pferde!
Es war getan fast eh gedacht;
Der Abend wiegte schon die Erde,
Und an den Bergen hing die Nacht [...][13]

Als Goethe im August 1771 nach Frankfurt zurückkehrte, legte er den Weg von Straßburg zu Pferde zurück, also in einem Ritt über die beachtliche Strecke von rund 250 Kilometern. Solche physischen Anforderungen stellte er Jahre später des öfteren an sich selbst.

Goethe 1773. Ölgemälde von J. D. Bager

Goethe, links: Schattenriß um 1770, rechts: Geschnittene Silhouette um 1773

- 34 -

Insgesamt kann über Goethes Straßburger Zeit gefolgert werden, daß sie ihn ungemein prägte. Er wurde sich klarer über das, was er als Person erstrebte: „Eine Universalität im Verstehn, im Gutheißen, ein An-sich-heran-kommen-Lassen von Jedwedem, einen verwegenen Realismus, eine Ehrfurcht vor allem Tatsächlichen", wie es Friedrich Nietzsche charakterisierte.[14]

4.
Zeit der stürmisch-drängenden Dichtungen statt Langeweile in der Juristerei

Allein schon der Erwerb seiner Zulassung als Advokat beim Frankfurter Schöffengericht mußte er als einen Rückfall in eine enge, bedrückende Lebenssituation empfinden. Seine Grundstimmung änderte sich auch nicht, als er 1773, nach seinem zwischenzeitlichen Praktikum in Wetzlar, eine Anwaltspraxis im Hause seiner Eltern in Frankfurt eröffnete.

Wie im Studium, so in der juristischen Praxis nicht heimisch geworden

Seine Arbeit leistete er widerwillig, wenn er aber schon in Wort oder Schrift in einem Rechtsstreit – in knapp fünf Jahren waren es 28 Prozesse – auftrat, wurde das allgemein als eindrucksvoll bezeichnet. Doch selbst solche Erfolgserlebnisse waren nicht geeignet, seine Voreingenommenheit gegen diesen Beruf zu überwinden. Er langweilte ihn zutiefst. Wohlgefühl bereitete ihm ganz anderes: *Ich bin sehr in der Lufft. Schlafen Essen Trincken Baden Reiten Fahren, war so ein paar Tage her der seelige inhalt meines Lebens,* schrieb er beispielsweise im Juni 1775.[1] Und im Winter sah man ihn oft als Schlittschuhläufer frisch und fröhlich über das Eis des zugefrorenen Mains dahingleiten.

Trotz seiner häufigen Abwesenheit florierte die Anwaltskanzlei durchaus, aber nur deshalb, weil sein Vater sein ganzes juristisches Wissen und Können in dieser Anwaltschaft einsetzte und der junge Goethe oft nur seinen Namen hergab.

In seinem tiefsten Innern fühlte er sich eben viel mehr als Poet denn als Advokat. Für ihn stand fest, daß sein Leben das eines Geistesschaffenden sei, eines Dichters und Denkers vornehmlich, vielleicht auch noch eines Malers und Zeichners. Und davon würde ihn niemand mehr abbringen. Intensiv beschäftigte er sich mit der Weltliteratur, mit den Werken von Homer, Anakreon, Sokrates und Pindar, von Goldsmith und Shakespeare, mit gotischer Baukunst und deutschen Volksliedern, mit der Bibel und dem Koran.

Immer wieder ließ er in der Anwaltskanzlei alles stehen und liegen, wanderte seit 1772 manchmal zu Fuß, manchmal zu Pferde nach dem dreißig Kilometer von Frankfurt entfernten Darmstadt.² Dort traf er sich mit Johann Heinrich Merck, der als Kriegsrat am Darmstädter Fürstenhof tätig war. Goethe hatte in ihm einen Freund gefunden, der großen Einfluß auf ihn ausübte, nicht nur als scharfsinniger und schonungsloser Literaturkritiker und als versierter kaufmännischer Berater bei der Drucklegung seiner Schriften. Das große Talent Goethes erkennend, trieb er ihn immer wieder zur Ausschöpfung seines Potentials als Dichter an. Merck beeindruckte Goethe auch durch seine konsequent antifeudale aufklärerische Haltung. Obwohl Merck trotz seiner Fähigkeiten und Aktivitäten letztendlich persönlich auf tragische Weise scheiterte, minderte das nicht Goethes bleibende hohe Wertschätzung seines Freundes. Zeitgenossen sahen in diesem geistigen

Johann Heinrich Merck

Verhältnis der beiden Freunde später das Modell für die Beziehung von Faust und Mephisto in Goethes wohl bedeutendstem Drama.

Goethe weilte auch oft im Kreise literaturinteressierter junger Leute, die ihn den „Wanderer" nannten. Tatsächlich war er ständig wandernd unterwegs, nicht nur zwischen Frankfurt und Darmstadt. 1774 bereiste er erneut die Gegenden an der Lahn und am Rhein, dieses Mal mit dem Reformpädagogen Johann Bernhard Basedow und dem Pfarrer und Schriftsteller Johann Kaspar Lavater. Mitfühlend schrieb er, daß dieser seelisch gepeinigt sei, *weil ein krancker Körper und ein schweiffender Geist ihm die kollecktive Krafft entzogen, und so der besten Freude, des Wohnens in sich selbst beraubt.*³ Er selbst hatte zum „Wohnen in sich selbst", zur geistigen und körperlichen Harmonie, in den letzten Jahren gefunden, vorerst.

In Düsseldorf lernte er die Gebrüder Friedrich Heinrich und Johann Georg Jacobi kennen.⁴ Dort begegnete ihm später auch der Schriftsteller Johann Jacob Heinse, der darüber berichtete: „Goethe war bei uns, ein schöner Junge von fünfundzwanzig Jahren, der vom Wirbel bis zur Zehe Genie und Kraft und Stärke ist; ein Herz voll Gefühl, ein Geist voll Feuer mit Adlersflügeln."⁵

Der Versuch des Vaters, doch noch das Interesse seines Sohnes für den Beruf des Juristen zu wecken, indem er ihn zu einem Praktikum am Reichskammergericht, am höchsten Gericht des Römischen Reiches Deutscher Nation, nach Wetzlar schickte, scheiterte sehr

Johann Jacob Wilhelm Heinse

Johann Kaspar Lavater

Friedrich Heinrich Jacobi

Johann Georg Jacobi

bald. Dieses Gericht hatte Rechtsklagen aus der Bevölkerung über Verstöße aus Kreisen des Adels zu bearbeiten. Fast siebzehntausend unerledigte Fälle lagerten und verstaubten in Aktenbündeln. Es wurde seinerzeit erzählt, daß man bisher niemals vom Abschluß auch nur eines einzigen Prozesses gehört habe. Man kann sich vorstellen, wie dieses staubige und verknöcherte Milieu den jungen Goethe abgestoßen hat. Da wanderte er lieber über die Höhen und durch die Täler der wunderschönen Umgebung der Stadt und 1772 lahnabwärts sogar bis Koblenz.

Es gefiel ihm zwar in Wetzlar, vor allem auch, weil er hier und in der Nähe interessante Leute kennenlernte, doch er war voll innerer Unruhe. Denn obwohl er sich physisch als *Wanderer [...] nun endlich gesünder und froher* fühlte, spürte er psychisch *doch etwas Überspanntes, welches nicht völlig auf geistige Gesundheit deutete.*[6]

Charlotte Buff

Wieder waren es Zwänge, die ihn bedrängten: seine ungeklärte berufliche und hoffnungslose private Lebenssituation, denn er wollte kein Beamter oder Anwalt werden, und er konnte auf keine feste Bindung an eine geliebte Frau hoffen. Aus diesem Entscheidungsdruck, der auf ihm lastete, befreite er sich. „Sein Leben stieß immer das Beengende von sich, und auf der Höhe erschaute er das große Ziel, dem persönlich bedeutungsvollen Tun einen „praktischen Bezug in Weite" zu geben, um den Menschen und der Welt zu nutzen."[7]

Er entschied sich für die Trennung vom Berufsweg eines Juristen und für die Flucht aus der Verstrickung in seine Liebesbeziehung zu Charlotte Buff, die mit dem Juristen Kestner verheiratet war und sein Urbild für die Lotte in „Werthers Leiden" wurde.

Frühe Berühmtheit als Dichter

Goethe konzentrierte alle seine geistigen Energien auf die Dichtung, die er endgültig als seinen primären, einzig akzeptablen Lebensinhalt verstan-

Goethe 1774. Radierung von Georg Friedrich Schmoll

– 38 –

den hatte. Er setzte durch seine nun in kurzer Zeit entstehenden Werke nicht nur Signale für die geistige Strömung des „Sturm und Drang", der „Geniezeit", der „deutschen literarischen Revolution", sondern er begründete in diesen Jahren damit auch seine persönliche Existenz und Berühmtheit als Dichter in Deutschland. Es waren Jahre von unglaublicher literarischer Produktivität.

Schlag auf Schlag machte er mit neuen Werken auf sich aufmerksam. Vor allem war es der Roman „Die Leiden des jungen Werthers", den er in vier Wochen geschrieben hatte und der nach seinem Erscheinen 1774 mehr Aufsehen erregte als jede literarische Neuerscheinung in Deutschland zuvor. Er wurde zum Kultbuch der jungen Generation. Goethe war damals gerade 25 Jahre alt. Schon vorher zeugten die Zweitfassung des „Götz von Berlichingen mit der eisernen Hand" und das Dramatischen Fragments „Prometheus" (1773), die Theaterstücke „Clavigo" und „Urfaust" und nicht zuletzt das Gedicht „Prometheus" (1774), sein Credo vom selbstbewußten, schöpferischen, tatkräftigen Menschen, von einer außergewöhnlichen Produktivität als Dichter, wenngleich einige dieser Dichtungen erst in späteren Jahren veröffentlicht und allgemein bekannt wurden. Mit diesen wichtigen Werken jener Jahre veranschaulichte Goethe leidenschaftlich seine neue Kunstauffassung, sie brachten ihm Bewunderung ein, auch von bedeutenden Persönlichkeiten in der Literaturszene weit über Deutschland hinaus.

Prometheus. Lavierte Federzeichnung von Goethe

Die Ausstrahlungskraft seiner Werke ging nicht nur von deren in jener Zeit neuartigen literarisch-ästhetischen Sprache aus. Sie waren auch ein Vorstoß zu neuem Denken, zu einem neuen Menschen- und Gesellschaftsbild, sie bedeuteten Auseinandersetzung und Bruch mit den bestehenden und erstarrten Verhältnissen in der Wirklichkeit, mit der Enge und Kleinlichkeit im geistigen Leben, mit Tabus und Stagnation in der Gesellschaft jener Zeit.

Teil II

Geistige und körperliche Harmonie im Mannesalter

5.
Der „edle weimarische Kreis" lädt ein, nicht nur „auf ein paar Jahre"

DIE ERLÖSUNG AUS DER QUÄLENDEN EINENGUNG SEINES DAseins als Advokat kam zum Glück sehr bald. Herzog Carl August von Sachsen-Weimar-Eisenach traf Goethe 1774 in Mainz, lud ihn nach Weimar ein und wiederholte dies, als er ihm 1775 in Karlsruhe begegnete und ihn danach in Frankfurt besuchte.

Goethe war von diesem Vorschlag fasziniert, denn er bedeutete den Ausweg aus der Frankfurter Misere, der spießbürgerlichen Enge dieser Stadt, dem Nest, dem *leidig Loch*[1], eine Befreiung aus den Fesseln des ungeliebten Berufs und der bedrückenden Beaufsichtigung durch den Vater. *Das Unverhältniß des engen und langsam bewegten bürgerlichen Kreyses zu der Weite und Geschwindigkeit meines Wesens hätte mich rasend gemacht,* schrieb er, seinen Schritt erklärend, am 11. August 1781 seiner Mutter.[2]

Zwar sollte es wiederum in eine Stadt gehen, sogar nur in eine Kleinstadt, allerdings an einen Fürstenhof, zu einem Herrn, der – acht Jahre jünger als er – zugleich sein Verehrer war, dessen Interesse an Kunst und Literatur ihm schon bei den ersten Begegnungen auffiel. Goethe hatte auch vom Ruf des Herzogtums als „Musenhof" gehört, den die residierende Herzoginmutter Anna Amalia begründete, als sie den Dichter Christoph Martin Wieland zum Erzieher des Erbprinzen Carl August und den Dichter Carl Ludwig von Knebel zum

Herzog Carl August von Sachsen-Weimar-Eisenach

Erzieher des Prinzen Constantin berufen hatte. Der Boden war also vorbereitet, als Goethe schon kurz nach seiner Ankunft in Weimar mit Erfolg anregte, noch weitere „Schöngeister" zu diesem „Musenhof" einzuladen. Dem Ruf folgten vor allem Johann Gottfried Herder, der in Straßburg sein gestrenger Lehrer war, Friedrich Maximilian Klinger, den er schon seit ihrer Frankfurter Jugendfreundschaft kannte und der nun hier in Weimar sein Drama „Sturm und Drang" schrieb, das der damaligen Epoche des literarischen Aufbruchs den trefflichen Namen gab, sowie Jakob Michael Reinhold Lenz, der zu den Kommilitonen Goethes in Straßburg zählte. Herder, auf Vorschlag Goethes als Generalsuperintendent und Oberhofprediger berufen, blieb, die „Musensöhne" Klinger und Lenz verließen Weimar jedoch wieder, der eine, weil er vom „Weimarer Kreis" enttäuscht war, der andere, weil er selbst diesen Kreis enttäuschte.

Für Goethe hieß dieses neue Leben in Weimar im übrigen: *Wär's auch nur auf ein paar Jahre, ist doch immer besser als das untätige Leben zu Hause,*[3] nur weg von der lähmenden Tatenlosigkeit und Unlust in der Vaterstadt Frankfurt, und zwar, wie er zunächst glaubte, nur als Gast und Dichter. Darum machte er auch einen so glücklichen Eindruck bei seiner Ankunft in Weimar im November 1775, als er nach seinen Worten nunmehr eigentlich erst in das tätige Leben eintrat, *als der edle weimarische Kreis mich günstig aufnahm, wo außer anderen unschätzbaren Vorteilen mich der Gewinn beglückte, Stuben- und Stadtluft mit Land-, Wald- und Garten-Atmosphäre zu vertauschen.*[4]

Nicht nur „Gast und Dichter", sondern Pflichten in hohen Ämtern

Goethe hatte es mit aller Macht in diesen Kreis gezogen. Aber ausgerechnet er, der bislang jeder Tätigkeit außer der literarischen auswich, der den Beruf als Advokat geradezu verabscheute, wurde in kürzester Zeit als Hofbeamter berufen. Das war insofern nicht außergewöhnlich, weil zu jener Zeit auch andere Potentaten der annähernd 300 deutschen Kleinstaaten Dichter zu sich einluden, um sie dann allerdings nur in subalternen Ämtern zu beschäftigen und sich selbst indessen dafür als feinsinnige Mäzene feiern zu lassen. Gleichwohl war es ungewöhnlich, daß Goethe nicht den langen

Herzogin Anna Amalia von Sachsen-Weimar-Eisenach

Weg über eine „Laufbahn" antrat, sondern in kürzester Zeit in die höchsten Ämter des Herzogtums berufen wurde, eine Bevorzugung, die zunächst auf nicht wenig Argwohn und Neid in seinem Umkreis stieß. Goethe hat aber in relativ kurzer Zeit die meisten Kritiker durch sein erfolgreiches Wirken überzeugt.

Trotz unterschiedlicher Auffassungen in politischen Fragen, künstlerischen Ansichten und Vorstellungen über die Lebensweise gab es ein erstaunliches gegenseitiges Verständnis, ein Vertrautsein zwischen dem jungen Herzog Carl August und Goethe. Sie mochten einander, schon vom ersten Augenblick ihres Kennenlernens an. Das nahm man auch in der Weimarer Gesellschaft wahr. So teilte Wieland seinen Eindruck in einem Brief an Merck vom 26. Januar 1776 mit: „Goe-

Friedrich von Müller

the kömmt nicht wieder von hier los. Karl August kann nicht mehr ohne ihn schwimmen noch waten. 's ist aber noch nichts Entschiednes ...".[5] Das fortschreitende Leben brachte die Entscheidungen für den weiteren Weg Goethes in Weimar, der von vielen verwundert verfolgt wurde. „Die Welt" fand „sich nicht wenig überrascht, den Dichter des ‚Werther' und des ‚Götz von Berlichingen' ohne alle Zwischenstufe unmittelbar in den Staatsrat eines regierenden Fürsten eintreten zu sehen", stellte der Weimarer Kanzler Friedrich von Müller 1832 rückbetrachtend in einer Rede fest. Und er hob die entscheidende Voraussetzung Goethes für die Meisterung der ungewöhnlichen Aufgabe hervor: „In Goethe [...] finden wir von früh an zwei oft sich widerstrebende Eigenschaften innig verschwistert: eine überschwenglich produktive Phantasie und einen kindlich reinen Natursinn, dem überall ein Lebendiges begegnet und der überall tätig ins Leben einzugreifen versucht."[6]

Diese von anderen Zeitgenossen bestätigte Grundeinstellung hat Goethe auch selbst immer wieder bekundet, so auch in einem Brief vom 14. Juni 1796 an Schiller: *Lust, Freude, Theilnahme an den Dingen ist das einzige reelle, und was wieder Realität hervorbringt, alles andere ist eitel und vereitelt nur.*[7] Sein Dichterkollege Christoph Martin Wieland, der zu seinen neuen Freunden in Weimar zählte, war dennoch sehr verwundert und auch besorgt, als er die Übernahme hoher Ämter durch Goethe erfuhr. Er sei nun wohl „als Dichter wenigstens auf viele Jahre für die Welt verloren".[8] Für eine gewisse Zeit fand diese Vermutung auch zum Kummer von Goethe selbst ihre Bestätigung. Aber insgesamt besteht wohl kein Zweifel, daß Goethe in Weimar als Dichter mit seiner Lyrik, seinen Prosawerken und Dramen, als Verfasser von Erinnerungen, Reiseberichten, theoretischen Schriften und Studien auch auf naturwissenschaftlichen Gebieten Weltgeltung erreichte, sich auch als Zeichner und Sammler betätigte, obwohl er viele Jahre seines Lebens multifunktional im Dienste des Herzogtums Sachsen-Weimar-Eisenach wirkte.

Goethe war bis dato und auch danach der einzige Dichter, der zugleich als der höchste Beamte in einem deutschen Staat wirkte. Hinzugefügt werden muß die Feststellung, daß Goethe unter allen deutschen Dichtern, Künstlern und Gelehrten jener Zeit auch der einzige freie und wohlhabende Staatsmann und Dichter war. Diese Sonderstellung schuf ihm bei allen Einschränkungen durch die Einbindung in Pflichten zugleich ungemeine Freiräume für eigene Entscheidungen.

Christoph Martin Wieland

Nicht nur die Wahrnehmung der ihm übertragenen Ämter verband ihn mit seinem Gastgeber und Dienstherrn, dem Herzog Carl August, der erst ein paar Wochen vor der Ankunft Goethes seine Regierungsgeschäfte übernommen hatte. Ehrgeizig, umsichtig und klug, wie er war, wollte er sie in einer sehr schwierigen Lage seines Landes auch mit Erfolg ausüben. Und er sah des halb in Goethe einen Lehrer und Berater, der ihm helfen könnte, die wirtschaftliche, soziale und politische Situation seines Herzogtums durch Reformen positiv zu verändern. Die außergewöhnliche Männerfreundschaft zwischen dem Fürsten und dem Dichter war, vor allem im ersten Jahrzehnt, auch durch ein geradezu brüderliches Einvernehmen im Vergnügen vor allem am Reiten, am Bergsteigen und Schwimmen, zeitweilig auch an der fröhlichen Jagd, gekennzeichnet.

Konflikte der „Doppelexistenz"

Als *Dichter und Gast* war Goethe 1775 nach Weimar gekommen, überglücklich, der Enge seines Lebens in Frankfurt entrinnen zu können. Schon nach wenigen Tagen hatte er seine freudige Stimmung in einem Brief spontan beschrieben: *Wie eine Schlittenfahrt geht mein Leben, rasch weg und klingelnd und promenierend auf und ab. Gott weis wozu ich noch be-*

Goethe 1775. Relief von J. P. Melchior

*stimmt bin, daß ich solche Schulen durchgeführt werde. Diese gibt meinem Leben neuen Schwung, und es wird alles gut werden [...]*⁹ Und zunächst ließ er sich noch von der jugendlich ungestümen Art seines Herzogs Carl August begeistert mitreißen, fühlte er nicht die geringsten Bedenken, beispielsweise wochenlang nahezu jeden Tag in den Jagdrevieren um Dessau und Wörlitz mit stundenlangen Sauhatzen zu Pferde zu verbringen oder Dauerritte zu unternehmen.

Später wich die anfängliche Begeisterung Goethes einer deutlichen Ernüchterung. In einem Brief an Knebel vom 21 November 1782 rechtfertigte er zwar immer noch seine Position: *[...] ich habe mein politisches und gesellschafftliches Leben ganz von meinem moralischen und poetischen getrennt (äusserlich versteht sich) und so befinde ich mich am besten.*¹⁰

Aber seine Zweifel nahmen zu, ob seine „Doppelexistenz" Bestand haben, ob er als Künstler seine moralischen und ästhetischen Prinzipien mit den politischen Zwängen als Staatsbeamter in Einklang bringen könne. Goethe haderte mit sich, und immer öfter kam ihm der Gedanke, aus der Verkettung mit so vielen Ämtern auszubrechen. Täglich neue Erfahrungen bestärkten seine Selbstzweifel.

Dabei fing alles so unkompliziert an. Angeführt vom jungen, vergnügungssüchtigen Herzog erlebte Goethe mit dem ganzen Gefolge junger Leute die ersten Wochen wie im Taumel von Rausch zu Rausch. Sie nannten es *Lerchen regnen,* wenn sie tranken, wild um sich schossen, auch in den Räumen des Schlosses, gemeinsam nackt in den Flüssen badeten, peitschenknallend durch Weimar ritten, in den Wäldern und auf den Feldern jagten, üble Scherze mit den Landleuten trieben, die ihnen begegneten. Dieser Lebenswandel rief nicht

Charlotte von Stein

– 45 –

wenige Kritiker auf den Plan, darunter auch den von Goethe geliebten und verehrten Klopstock. Das Verhältnis zwischen beiden erfuhr eine von Goethe bedauerte Abkühlung.

Es ist sicher zutreffend, wenn Charlotte von Stein die Mitwirkung Goethes an den übermütigen Eskapaden des jungen Herzogs seinerzeit so beurteilte: „Gewiß sind dies seine Neigungen nicht! Aber eine Weile muß er's so treiben, um den Herzog zu gewinnen und dann Gutes zu stiften."[11]

Tatsächlich sah Goethe das, was er in einem Brief vom 21. Mai 1776 an Klopstock noch als *Anmachungen*[12] zurückwies, bald selbst als kritikwürdig an. Er begriff, daß diese Lebensweise ohne Rücksicht auf die Staatsverschuldung Unsummen von Geld verschlang. Eine solche pausenlose Verschwendung von Geldern für Vergnügungen und Zerstreuungen des jungen Herzogs und der ganzen schmarotzenden Hofgesellschaft empfand er angesichts der leeren Staatskassen zunehmend als sinnlos und unverantwortlich. *Der Herzog hat seine Existenz im Hezen und Jagen. Der Schlendrian der Geschäffte geht ordentlich [...],* grollte er.[13] Zudem hielt er nach anfänglicher Sorglosigkeit seine weitere Teilnahme an den häufigen Jagdausflügen für *zeitverschwenderisch,* vor allem wohl auch, weil ihn die Stagnation in seinem literarischen Schaffen zunehmend bedrückte.

Vor allem beunruhigte ihn die sozial-ökonomische Lage im Herzogtum Sachsen-Weimar. Seine Ämter ermöglichten ihm einen ungeschönten Blick für die Situation. Immmerhin war er Geheimer Legationsrat, Mitglied des Geheimen Consiliums und Chef einer Reihe von Kommissionen des Herzogtums. Als 26jähriger 1782 vom österreichischen Kaiser Joseph II. in den erblichen Adelsstand erhoben, war er nunmehr sogar geeignet, zum Kammerpräsidenten und Chef der Finanzen zu avancieren. Er stieg also zum mächtigsten Mann im Staate nach dem Herzog auf und wurde schonungslos mit der realen wirtschaftlichen Lage des Landes konfrontiert. Die Kassen waren fast leer, aber bei freudigen Anlässen, wie bei einer erfolgreichen Jagd, und die gab es nicht selten, warf der Herzog großzügig mit Geld um sich und bedachte Reitknechte, Falkner, Jagdhelfer, Treiber, Köche, Diener, Mägde, Bäcker, Musiker, Kutscher, eben alle an der Gestaltung des Jagdvergnügens beteiligten Leute, spontan mit Zuwendungen, während Beamte beispielsweise oft monate- und manchmal jahrelang auf ihre kärglichen Bezüge warten mußten.

Goethe 1776. Bleistiftzeichnung von G. M. Kraus

Herzog Carl August überließ seinem führenden Staatsbeamten Berge von Arbeit und ungelösten Fragen. Dafür ging er lieber außenpolitischen Ambitionen nach, indem er eine „Fürstenunion" gegen die Hohenzollern und die Habsburger schmieden wollte. Als dies scheiterte, aktivierte er seine militärischen Interessen und ließ sich 1787 als Generalmajor im Dienste Preußens und Kommandeur eines Kavallerieregiments nach Aschersleben berufen. Die Arbeiten als „Staatschef" sah er bei Goethe als gut aufgehoben an. Als er 1796 seinen Dienst als Kavalleriegeneral quittierte, hatte er nach geringen militärischen Triumpfen wenigstens durch diplomatisches Geschick die Neutralität für sein Herzogtum erreicht, das dadurch für zehn Jahre von Kriegshandlungen verschont wurde.[14]

Auch der Lebensstil bei Hofe begann Goethe zu nerven, besonders das lähmende, zeitraubende und antiquierte Zeremoniell, im Umgang wie im Briefwechsel. Allein schon die umständlichen Anreden waren ein Hohn. Das alles war nicht sein Geschmack, wenngleich dieses zeremonielle Gehabe auch einen gewissen Schutz geben konnte, weil es bei zuviel Aufdringlichkeit ermöglichte, auf Distanz zu gehen. Und unter diesem Aspekt bediente er sich häufig selbst dieser Möglichkeit.

Ihm gelang auch das „Abschalten", wenn das Hofleben und die Beamtenbürokratie überhandnahmen. Bewußt zog er sich in den ersten sechs Weimarer Jahren, wenn irgend möglich, in sein Gartenhaus draußen vor der Stadt zurück. Dort hatte er Ruhe, genoß er die Natur zu allen Jahreszeiten, pflanzte Bäume und Hecken, Blumen und Gemüse und erfrischte sich durch ein Bad in der Ilm, die vor seinem Garten durch die Wiesen floß. An so manchen Tagen verließ er den Betrieb der Beamtenkanzlei und die Sitzungen des „Geheimen Conseils", um durchzuatmen und sich zu erholen, indem er zu Fuß oder zu Pferde in die schöne, ruhige Landschaft flüchtete. *Ich brauche Bewegung und will spazieren lauffen,* teilte er mit.[15] Überhaupt, meinte er, sollte man nach einem ar-

Goethe. Geschnittener Schattenriß

Goethes Gartenhaus. Aquarellierte Federzeichnung von Goethe

beitsreichen Vormittag schwimmen gehen oder reiten oder im Winter Schlittschuh laufen.[16]

Die Beobachtungen und Erfahrungen Goethes bewirkten, daß er begann, die Lage im Herzogtum mit seinen rund 100000 Einwohnern nach den Kategorien „unten" und „oben" zu beurteilen und zu differenzieren, *[...] wir habens so weit gebracht, daß oben immer in einem Tage mehr verzehrt wird, als unten beygebracht werden kann*, schrieb er am 17. April 1782 an Knebel.[17] Und ein Epigramm drückte seine ganze Bitterkeit aus:

Diesem Amboß vergleich ich das Land, den Hammer dem Herrscher
Und dem Volke das Blech, das in der Mitte sich krümmt.
Wehe dem armen Blech! wenn nur willkürliche Schläge
Ungewiß treffen und nie fertig der Kessel erscheint.[18]

Es entsprang seiner allmählichen Erkenntnis, daß die – auch von anderen Dichtern geteilte – Vorstellung von einer „Fürstenerziehung" in der Wirklichkeit auf ihre Grenzen

Brocken im Mondlicht. Bleistiftzeichnung von Goethe 1777

stieß, daß sie illusionär war. Und noch direkter ist aus anderen Äußerungen Goethes, auch in Briefen, zu erkennen, daß er seinem Herzog zwar loyal als Staatsbeamter diente, sich aber auch die Freiheit der Kritik an ihm bewahrte. Er war kein bedingungsloser „Fürstenknecht".

Alles zusammengenommen, verwickelte Goethe sich immer mehr in Widersprüche, zum einen, weil er begriff, trotz größter Energie nichts grundlegend verändern zu können, zum anderen, weil er sich dadurch noch mehr der Fragwürdigkeit seiner „Doppelexistenz" bewußt wurde. Er verlor die Illusion, sein politisches und gesellschaftliches Leben von seinem moralischen und poetischen Leben getrennt führen zu können.

Daher bemühte er sich, zumindest nicht mehr bedenkenlos alles mitzumachen, was die Hofgesellschaft offenbar um keinen Preis vermissen wollte. So setzte er sich im Dezember 1777 zu seiner Harzreise vom Hofgefolge ab, das zur Wildschweinjagd nach Eisenach auf-

Johann Georg Friedrich Göschen

brach, um *jagend und reitend, schlittenfahrend und lärmend, von einem Gut zum anderen* zu ziehen,[19] wie er solche Ausflüge dann im Roman „Die Wahlverwandtschaften" (1809) als allgemein üblich beschrieb.

Die Gedanken, sich aus diesen Verstrickungen durch Flucht gänzlich zu befreien, häuften sich. Und bestärkt fühlte er sich angesichts der Bilanz seines künstlerischen Schaffens der ersten zehn Jahre in Weimar und seiner Erfahrungen im unmittelbaren Zentrum der Macht des Herzogtums. Der Vergleich mit den Jahren davor fiel nicht gut aus. Geradezu schockiert war er, als es 1786 um die Erstausgabe seiner Werke in acht Bänden ging, die zu seinem 40. Geburtstag erscheinen sollte und die dann auch tatsächlich zum buchhändlerischen Mißerfolg – in 2 Jahren nur 536 Exemplare verkauft – wurde, obwohl sie der Leipziger Verleger Göschen mit großem Engagement und vorzüglicher Qualität bis 1790 besorgte. Goethe empfand seine mißliche Situation in Vorbereitung der Erstausgabe besonders deutlich angesichts des Fragments des Schauspiels „Torquato Tasso", an dem er seit 1780 gearbeitet hatte und das in diesem unfertigen Zustand für die Ausgabe vorgesehen war. Immerhin ging es um ein dem seinigen sehr ähnliches Dichterschickschicksal, um die *die Disproportion des Talents mit dem Leben*.[20] Bei dem Gedanken, nur seine Fragmente drucken zu lassen, würde er sich für schon tot halten, schrieb er seinem Herzog, um dessen Verständnis für seinen völligen Rückzug aus den Staatsämtern vorzubereiten. Seine Stagnation als Dichter war letzten Endes ausschlaggebend für die sich anbahnende tiefe Lebenskrise Goethes.

Als die Atmosphäre am herzoglichen Hof schließlich für ihn unerträglich wurde und sein Dienstherr und Freund Carl August sich dann auch noch als General im Dienste Preußens aus seinen Verpflichtungen gegenüber seinem Land Sachsen-Weimar zu häufig zurückzog, floh Goethe für 21 Monate nach Italien. Das war eine Zeit der Selbstbesinnung und -findung, einer *Wiedergeburt,* einer wiedergefundenen *ungeteilten Existenz,* die nicht die *Schriftstellerei dem Leben,* also seinen Amtspflichten, *subordinierte,* die nicht zum hoffnungslosen Versuch einer Trennung der politischen Moral von der privaten und poetischen zwang.[21]

Die Haltung Goethes zu seinen Ämtern am Hofe des Herzogtums fand bei seinen Zeitgenossen und in der späteren Literatur über sein Leben und sein Werk geradezu extrem unterschiedliche Wertungen. Ludwig van Beethoven, der Goethe hoch verehrte, dann aber nach einem gemeinsamen Aufenthalt im Badeort Teplitz offenbar verärgert auf Distanz zu ihm ging, schrieb 1812 den oft zitierten Satz: „Göthe behagt die Hofluft sehr Mehr als einem Dichter ziemt."[22] In diesem Urteil mag das berühmte Körnchen Wahrheit stecken. Diese Sicht auf die Situation Goethes ist dennoch bei näherer Betrachtung der Beweg-

Teplitz in Böhmen

gründe für sein Wirken in seinen Weimarer Ämtern gewiß undifferenziert. Aber sie tangiert auch die bis heute währende Diskussion über die Frage, ob und inwieweit sich Intellektuelle, Künstler wie Wissenschaftler, in gesellschaftliche Prozesse „einmischen" und Verantwortung übernehmen dürften oder ob sie sich grundsätzlich in einer kritischen Opposition zur Politik und zur staatlichen Macht ihrer Zeit befinden müßten. Öffentliches „eingreifendes Denken" in das Leben der Gesellschaft einbringen oder sich aus allem heraushalten, an dieser Frage scheiden sich immer noch die Geister.

6.
Zeit der vielseitigen persönlichen Aktivitäten zur Körpererziehung

Die ersten Jahre in Weimar nutzte Goethe, um sich in einer erstaunlichen Vielfalt von Formen und Arten körperlicher Aktivität weiter auszubilden, zu betätigen und zu vervollkommnen. Und das Resultat war verblüffend. Viele, die ihn von früher kannten, stellten fest, daß er als Dreißigjähriger besser und gesünder aussähe, als in Jahren zuvor.

Diese positive Wandlung wurde durch wesentliche Bedingungen begünstigt: In erster Linie durch die Freundschaft Goethes mit dem jungen Landesherren, trotz ihrer Höhen und Tiefen, so mancher Belastungen und häufiger Bewährungssituationen. Es waren eben nicht nur die gemeinsamen Interessen an Kunst und Literatur, Philosophie und Geschichte, die beide miteinander verbanden, und auch nicht allein die engen dienstlichen Beziehungen, die sich aus Goethes Ämtern im Herzogtum ergaben. Diese Bindungen fanden eine Ergänzung im gemeinsamen Vergnügen an allen denkbaren körperlichen Aktivitäten in der freien Natur, ob beim Wandern, Bergsteigen oder Schwimmen. Vor allem liebte der junge Herzog das Fechten und Jagen über alles, er war ein wilder und furchtloser Reiter und dabei stets von ansteckender Fröhlichkeit, die Goethe mitriß.

An seine ersten Eindrücke von seinem Freund erinnerte sich Goethe noch viele Jahre später. Am Tag nach der ihn erschütternden Nachricht vom Tod des Großherzogs im Schloß Torgau 1828 sagte er zu Eckermann: *Er war damals sehr jung, doch ging es mit uns freilich etwas toll her. Er war wie ein edler Wein, aber noch in gewaltiger Gärung. Er wußte mit seinen Kräften nicht wo hinaus, und wir waren*

Goethe vor seinem Haus am Frauenplan. Silhouette, nach 1782

oft sehr nahe am Halsbrechen. Auf Parforcepferden über Hecken, Gräben und durch Flüsse und bergauf bergein sich tagelang abarbeiten, und nachts unter freiem Himmel kampieren, etwa bei einem Feuer im Walde: das war nach seinem Sinne.[1]

Betrachtet man etwa ein gutes Jahrzehnt des Lebenszeitraums Goethes als eine Kulminationsphase seiner vielseitigen persönlichen Aktivitäten, die er vom Wandern über das Fechten und das Reiten, das Jagen und das Schießen, das Schwimmen und das Schlittschuhlaufen bis zum Bergsteigen mit Vorliebe betrieb, eröffnen sich bemerkenswerte Aspekte. Denn diese Aktivitäten – über das bisher im Zusammenhang mit seinem Lebensweg schon Erwähnte hinaus – von ihrer Entstehung bis zur vollendeten Meisterung näher zu verfolgen kann dienlich sein, die Grundhaltungen Goethes zu diesen verschiedenen Arten körperlicher Erziehung und Übung zu verstehen.

Goethe 1785. Ölgemälde von Joseph Friedrich August Darbes

Wandern

Die erste wohltuende körperliche Kräftigung durch Bewegung und Belastung beim Wandern erlebte der sechzehnjährige Goethe, nachdem ihm sein gestrenger Vater unter dem Eindruck des andauernden kränklichen und schwächlichen Zustands seines Filius im wahrsten Sinne des Wortes die Freiheit gab, Wanderungen in die nähere und dann fernere Umgebung von Frankfurt zu unternehmen. Erreicht werden sollte eine Gegenwirkung zur bisher einseitigen intensiven intellektuellen Bildung mit ihren negativen körperlichen und seelischen Folgen.[2]

Suchte der junge Wolfgang zuerst die Einsamkeit in der Natur, so entdeckte er indessen auch bald den Genuß der Geselligkeit gemeinsamen Wanderns mit Freunden. Denn, so schrieb er 1796 rückblickend auf seine Erfahrungen in „Wilhelm Meisters Lehrjahre": *Wer sich der Einsamkeit ergibt, ach, der ist bald allein.*[3] Mehr noch, dem drohe die Gefahr der Selbstvergessenheit, in die der junge Werther versunken war.

Für den jungen Goethe wurde hingegen die unmittelbare sinnliche Begegnung mit der Natur, verbunden mit dem Kennenlernen von Land und Leuten, zum Schlüsselerlebnis, an das er nicht nur in „Dichtung und Wahrheit"[4] erinnert. Sie wurde zur unverzichtbaren lebensbegleitenden Gewohnheit. Sein inniges Verhältnis zur Natur, das er sich immer wieder neu erwanderte, wurde das Generalthema seiner Poesie und Prosa und auch seiner philosophisch-ästhetischen und naturwissenschaftlichen Schriften. Es war seinem Verhältnis zum Menschen nahezu ebenbürtig: *Wir wissen von keiner Welt als in Bezug auf den Menschen; wir wollen keine Kunst, als die ein Abdruck dieses Bezugs ist.*[5] Was die Natur ihm bedeutete, beschrieb er 1742 in seinem Fragment des aphoristischen Aufsatzes „Natur".[6] Er bezeichnete sie als einzige Quelle der Eingebung im literarischen Schaffen schlechthin, und er verbarg aus diesem Grunde auch nie seine Abneigung gegen alles Abstrakte, Nebelhafte, Weltferne, Lebensfremde, weil es den Blick auf das Lebendige und Wirkliche verstelle.

Daß alle seine Werke *ein tiefes Gefühl der Natur durchdringt,* brachte Goethe schon zu seinen Lebzeiten und fortwährend auch danach immer wieder viele Freunde und Verehrer. Als ein Beispiel für den emotional mitreißenden poetischen Ausdruck des tiefen Naturgefühls können die ersten Zeilen aus dem Gedicht „Zueignung" (1784) gelten:

Der Morgen kam; es scheuchten seine Tritte
Den leisen Schlaf, der mich gelind umfing,
Daß ich, erwacht, aus meiner stillen Hütte
Den Berg hinauf mit frischer Seele ging;
Ich freute mich bei einem jeden Schritte
Der neuen Blume, die voll Tropfen hing;
Der junge Tag erhob sich mit Entzücken,
Und alles war erquickt mich zu erquicken.[7]

Wandern wurde für Goethe lebenslang auch das, was sein Leipziger Zeichenlehrer Oeser mit dem von Kleist stammenden Wort „Bilderjagd" genannt hatte, denn das Beobachtete und Erlebte wandelte sich in poetische Bilder. Goethe äußerte, daß ihm die eigenen Gedanken fast nur im Gehen oder Stehen kämen, ganz selten im Sitzen. So notierte er im Tagebuch am 21. März 1780: *[...] im Gehen viel gedacht. Was ich guts finde in Überlegungen, Gedancken, ja so gar Ausdruck kommt mir meist im Gehn. Sizzend bin ich zu nichts aufgelegt.*[8] Selbst wenn er Vorträge hielt oder seinen Mitarbeitern Riemer, Seidel oder Eckermann literarische Texte oder Briefe diktierte, ging Goethe meistens im Raum auf und ab. Was er nicht erlernt habe, das habe er erwandert, erklärte er. Wandern helfe ihm auch aus psychischen Krisen.

Johann Peter Eckermann   *Friedrich Wilhelm Riemer*

Nicht wenige seiner Wanderungen glichen forcierten Märschen. So legte er den 28 Kilometer weiten Weg von Weimar zum Schloß Groß Kochberg, um dort seine Freundin Charlotte von Stein zu besuchen, mehrfach in nur rund vier Stunden zurück. Die körperliche

Das Dorf Kochberg mit Schloß. Nach einer Sepiazeichnung von Goethe

Herausforderung eines langen Marsches, an manchen Tagen sogar bis an die 50 Kilometer, brachten ihm jenes Gefühl, das er schon in seiner Straßburger Studentenzeit empfand: Wandern unter freiem Himmel, durch Täler und über Höhen, in Wäldern und auf Feldern beruhigte sein Gemüt, machte ihn innerlich ausgeglichen.

Das erinnert an einen Gleichgesinnten unter den Dichtern seiner Zeit, an Johann Gottfried Seume, der in seinem berühmtesten Buch „Spaziergang nach Syrakus" seine viermonatige Wanderung im Jahre 1801 vom sächsischen Grimma nach Sizilien beschrieb, und das waren rund 6000 Kilometer, die er fast nur zu Fuß zurücklegte. Von ihm stammen die goldenen Worte: „[...] ich bin der Meinung, daß alles besser gehen würde, wenn man mehr ginge".[9]

Johann Georg Seume

Was einem Dichter beim Wandern alles widerfahren kann und durch den Kopf geht, erfährt man in dem Gedicht „Wanderers Sturmlied" (1772). Goethe erlebt ein heftiges Unwetter, mit Hagelschauern und Schneegestöber, und über Schlammpfade der Berghütte zustrebend, überraschen ihn Augenblicke von wolkendurchbrechenden Sonnenstrahlen, hört er die jubilierende Lerche am Himmel, beobachtet er einen Bauern auf dem Feld. Und bei all diesen Beobachtungen singt er wandernd vor sich hin, alles, was ihm an Assoziationen durch den Kopf geht, formt sich dabei zu Versen. Darunter findet sich eine Passage, die vor allem in ihrem kraftvollen sprachlichen Rhythmus geradezu meisterlich atmosphärisch die Szene eines Wagenrennens im antiken Olympia wiedergibt:

Wenn die Räder rasselten,
Rad an Rad, rasch ums Ziel weg,
Hoch flog
Siegdurchglühter
Jünglinge Peitschenknall,
Und sich Staub wälzt',
Wie vom Gebirg herab
Kieselwetter ins Tal,
Glühte deine Seel' Gefahren, Pindar,
Mut [...]

Felsgestein. Zeichnung von Goethe

Aus Goethes naturwissenschaftlichen Sammlungen

Sicher erinnerte sich Goethe an dieser Stelle an die Oden von Pindar, die er in Wetzlar gelesen hatte. Er nannte zwar diesen Gesang einen *Halbunsinn,* an dem er aber sichtlich seinen Spaß hatte.[10] Dieser Vorgang tangiert eine Grundhaltung Goethes in seinem gesamten poetischen Schaffen, nämlich sich dichtend über seine Beobachtungen, Erlebnisse und daraus folgenden Überlegungen klarzuwerden, über das, was ihn erfreute, quälte oder sonstwie beschäftigte. Indem er Gefühle und Wahrnehmungen in ein Gedicht verwandelte, prüfte, bestätigte oder korrigierte er seine Auffassungen von äußeren Dingen und beruhigte zugleich sein eigenes Inneres. Überhaupt war das Wandern für Goethe nicht allein eine Form motorischer Aktivität zu Fuß durch die Natur, sondern im bildhaften Sinne war er stets in seinem Leben und Wirken wandernd auf dem Weg, nicht nur von Ort zu Ort, sondern auch von Erkenntnis zum Entschluß, von Willkommen zum Abschied, Wandern verhalf ihm zu Entscheidungen über nächste Lebensschritte. In dem Gedicht „Im Vorübergehen" klingt das ganz schlicht und leise an: Nach den ersten Zeilen – *Ich ging im Felde so für mich hin, und nichts zu suchen, das war mein Sinn* – folgte der gleichnishaften Begegnung mit der pflanzlichen Natur ein ganz anders gearteter Schluß: *ich war so heiter, wollt immer weiter – das war mein Sinn.*[11]

Nach einer Erklärung für seine naturwissenschaftlichen Interessen befragt, sagte er überzeugend, *daß ein Naturfreund, der sein Leben gewöhnlich im Freien, es sei nun im Garten, auf der Jagd, reisend oder durch Feldzüge durchführt, Gelegenheit und Muße genug finde die Natur im Großen zu betrachten und sich mit den Phänomen aller Art bekannt zu machen.*[12]

Die Dornburger Schlößer. Radierung 1777

Das Wandern verband Goethe schon sehr früh mit seinem Interesse an naturwissenschaftlichen Beobachtungen und Untersuchungen. Er zeichnete unterwegs nicht nur reizvolle landschaftliche Gebilde in der Natur und Pflanzen, sondern er wurde auch zum leidenschaftlichen Sammler von Mineralgesteinen, insgesamt 18000 zählten am Ende zu seiner Kollektion. Seine anhaltende Passion wurde zur zusätzlichen Motivation, zu unzähligen Fundstätten vor allem in Gebirgen zu wandern. Als ihn der Weimarer Kanzler Friedrich von Müller im April 1818 in Dornburg besuchte, verließ Goethe nach einem Gespräch in der Runde seine Gäste mit den Worten: *[...] laßt mich einsam zu meinen Steinen dort unten eilen.* Und die Zurückbleibenden „sahen ihm lange und frohbewegt nach, als er, in seinen lichtgrauen Mantel gehüllt, feierlich ins Tal hinabstieg, bald bei diesem, bald bei jenem Gestein oder auch bei einzelnen Pflanzen verweilend, und die ersteren mit seinem mineralogischen Hammer püfend."[13]

Aus einem Versuch der Rettung aus der permanenten Kränklichkeit erwuchs die Entdeckung Goethes, daß Wanderungen in der freien Natur körperliches und geistiges Wohlbefinden erzeugen, daß sie – wie er an sich selbst erfuhr – einen außergewöhnlichen Zuwachs an körperlicher Aktivität und Energie zur Folge haben können. Und Wandern war für ihn auch immer wieder ein Gewinn an Erlebnissen und Erfahrungen, nicht zuletzt durch Begegnungen mit Menschen ganz unterschiedlicher Art ihrer Herkunft, ihres Berufs, ihres Charakters. *Mit denen Leuten leb' ich, red' ich, und laß' mir erzählen.*[14]

Seine letzte große, für ihn schon recht mühselige Wanderung unternahm Goethe 1831 an seinem Geburtstag mit seiner Schwiegertochter Ottilie und seinen Enkeln Walther, Wolfgang und Alma nach Ilmenau, um auf dem Kickelhahn noch einmal jene Verse von „Wanderers Nachtlied" zu lesen, die er 1780 auf die Bretter einer Hütte gekritzelt hatte.

Fechten

Wie schon beschrieben, schilderte Goethe in „Dichtung und Wahrheit", wie er den Zugang zum Fechten fand, indem er sich für einen Mittelweg zwischen der deutschen und der französischen Fechtauffassung bei der praktischen Ausführung des Avancierens und Retirierens, des Battierens und des Ausfallschritts sowie des dabei auszustoßenden Schreis ent-

Für diese Fechtszene stand der Schüler Bergmann Modell, mit dem sich Goethe in der Leipziger Zeit duelliert hat

schied. Und er berichtete auch, daß er das so sinnlos erscheinende Gelernte zumindest in einem Falle praktisch anwenden konnte, als Student in Leipzig. Aber erst in seiner Straßburger Studentenzeit begann er die Ausbildung im Fechten ernst zu nehmen.

Seinem Mitstudenten und strengen Fechtlehrmeister Lerse schuf er später voller Dankbarkeit in einer Figur seines „Götz von Berlichingen" ein literarisches Denkmal. Auch in der nachfolgenden Zeit in Frankfurt und dann vor allem in Weimar setzte er das regelmäßige Fechten fort, das schon von der Herzogin Anna Amalia und dann von dem seit 1775 regierenden Herzog Carl August dort sehr gefördert wurde. Es wurde Goethe für viele Jahre geradezu zum täglichen Bedürfnis wie das Lesen, denn er vermerkte häufig in seinen Tagebüchern, daß er *einen schönen Tag gehabt* habe, wenn er auch zum Fechten, Schießen oder Baden gekommen sei.[15] Wie sehr er vom Fechten begeistert war, ist auch in längeren Passagen in „Wilhelm Meisters Lehrjahre"[16] zu erkennen, in denen er den Helden der Erzählung, sein „geliebtes dramatisches Ebenbild", üben und kämpfen läßt. Als Direktor und Regisseur des Weimarer Hoftheaters legte er großen Wert auf die Ausbildung der Schauspieler im Fechten und im Tanz, denn es gab nicht wenige Stücke mit Fechtszenen im Repertoire seiner Bühne. Und er wollte nicht, daß ein Schauspieler, der das Fechten nicht souverän beherrschte, sich und das Theater unglaubwürdig oder gar lächerlich mache. Goethe bewunderte Zeitgenossen, die gute Fechter waren, und er würdigte das Wirken des berühmten Hoffechtmeisters Weischner, der die Weimarer Fechtschule zu hohem Ansehen gebracht hatte. Daß diese Liebe zur Fechtkunst sich auch in Gedichten und Dramen Goethes spiegelt, liegt auf der Hand. Es sei nur an die bekannte Fechtszene im „Faust" erinnert[17] oder an ein weniger bekanntes Lied aus dem Jahre 1810, in dem es heißt:

Einem armen kleinen Kegel,
Der sich nicht besonders regt,
Hat ein ungeheurer Flegel
Heute grob sich aufgelegt.
Und ich fühlte mich ein Mannsen,
Ich gedachte meiner Pflicht,
Und ich hieb dem langen Hansen,
Gleich die Schmarre durch's Gesicht.[18]

Reiten

Gleichzeitig mit dem Fechten begann der fünfzehnjährige Goethe in Frankfurt auch das Reiten zu erlernen. Wie widerwärtig ihm dieser Unterricht war, wurde schon erwähnt. Erst danach wurde das Reiten für ihn eine andauernde Leidenschaft, und selbst noch in seinem hohen Alter traf man ihn oft in Weimar hoch zu Roß an. Reiten war für ihn einerseits ein Vergnügen, das seiner Gesundheit und Lebensfreude dienlich wurde, andererseits war es dem vielbeschäftigten und unternehmungslustigen Goethe das ideale Verkehrsmittel, dessen Nutzen er damit erklärte, daß man *schneller, lustiger und bequemer*[19] zum Ziel käme als etwa mit der Postkutsche oder gar per Fußwanderung. Als Student in Straßburg hatte er sich angewöhnt, *alle abzumüßigenden Tage und Stunden zu Pferde und in freier Luft zuzubringen.*[20]

Goethe zu Pferd. Silhouette um 1810

Überall auf seinen Reisen, ob in deutschen Landen, in

Herzog Carl August beim Ausritt. Zeitgenössischer Kupferstich

der Schweiz, in Frankreich oder Italien, nutzte er diese bessere Möglichkeit aus. So legte er während seiner Schweizer Reise 1779 in 30 Tagen rund 1500 km im Sattel zurück, also durchschnittlich am Tag 50 km. Aus Italien brachte er das Sprichwort mit: „Legala bene, e poi lascia la andare." Und er nahm es in der Übersetzung *Du, sattle gut und reite getrost* in die Rubrik „Sprichwörtlich" seiner Gnomen auf.[21] In Italien hielt sein Malerfreund Tischbein in einer Zeichnung die äußerst gefährliche Situation fest, als Goethe tatkräftig zupackte, um einem voller Angst wild ausschlagenden gestürzten Pferd aus dem Morast zu helfen. Das war eines der vielen Beispiele der tätigen Tierliebe Goethes. Zur Erfüllung seiner Aufgaben im Dienste des Herzogtums Weimar-Eisenach mußte Goethe häufig die verschiedensten Orte zwischen Weimar, Jena, Eisenach und Ilmenau aufsuchen. Wenn es irgend möglich war, ritt er, allein schon wegen der miserablen Straßenverhältnisse, die das Fahren mit der Kutsche geradezu gefährlich machten. Das war übrigens ein Grund für Goethe, sich bevorzugt um die Verbesserung des Wegesystems im Herzogtum zu kümmern, und das geschah nach seiner umfassenden Inspektion zu Pferde 1779 dann mit Erfolg. Von seinem herzoglicher Freund Carl August, dem leidenschaftlichen Reiter, wurde Goethe sehr oft zu gemeinsamen Ausritten eingeladen. Aber nicht nur die Berichte von ihren Querfeldeinritten waren damals in aller Munde, sondern vor allem die gemeinsamen Dauerritte des Freundespaares, etwa nach Erfurt, Jena oder Dessau und zurück. Es gab viele Bewunderer, aber auch heftige Kritiker wie Frau von Stein, die das sinnlose, scharfe Reiten als „Jungenstreiche" disqualifizierte. Sie

Herzog Carl August zu Pferd. Silhouette, um 1810

fand offenbar wenig Gehör. Das Programm solcher Ausritte gibt darüber Auskunft, daß es nicht um das Reiten schlechthin und nicht nur um die Jagdlust ging, sondern auch um das Vergnügen an Begegnungen mit Persönlichkeiten, die beide verehrten.

Dafür kann der Monat Dezember 1776 als Beispiel gelten.[22] Stark verkürzt, ging es nach Goethes Aufzeichnungen um folgende Aktivitäten: Am 2. Dezember *früh nach sieben* in Weimar abgeritten, in Rippach *ein paar Stund geschlafen,* am nächsten Tag die restlichen 25 Kilometer nach Leipzig weitergeritten, dort Besuch bei seinem Zeichenlehrer Adam Friedrich Oeser, am gleichen Tag 70 Kilometer zum Fürsten Leopold Friedrich Franz von Dessau nach Wörlitz geritten und mit ihm im Lusthaus des Parks gefeiert, neben Besichtigungen von Schloß, Park und Kunstsammlungen; am 4. und 6. Dezember Wildschweinjagden zu Pferde; am 7. Dezember Ritt nach Barby (50 km), zurück nach Dessau; am 8. Dezember erneut Wildschweinjagd; am 12., 13. und 14. Dezember wiederum Wildschweinhatz zu Pferde oder Treibjagden; am 15. Dezember Ritt nach Dessau, um Johann Bernhard Basedow zu besuchen; am 16. und 18. Dezember wieder Feldtreiben und Wildschweinhatz zu Pferde im Wörlitzer Revier; sodann am 19. Dezember erneuter Ritt nach Leipzig zu Gesprächen

Schloß Wörlitz bei Dessau. Bleistiftzeichnung von Goethe, 1778

Fürst Franz von Anhalt-Dessau

mit Oeser sowie zur Besichtigung einer Kunstsammlung und des Theaters. Und dann folgte am 21. Dezember der legendäre Dauerritt von Leipzig nach Weimar über eine Strecke von 115 Kilometern und in gut acht Stunden. Er nannte dies *Kurier geritten mit dem Herzog.* Das war in der Tat eine Zeit, die sich mit der Leistungsfähigkeit der damals besten professionellen Kurierreiter messen lassen konnte. Und ganz ohne Zweifel zeugte das von der glänzenden Fitneß Goethes und seines herzoglichen Freundes. Goethe betonte sogar das allgemeine Wohlgefühl bei solchen reiterlichen Unternehmungen: *[...] bei heißen Ritten war mirs oft erquickend.*[23] Und die unternahm er häufig. So ritt er im Herbst 1776 in Begleitung eines Husaren die Strecke von 60 Kilometern von Weimar bis Ilmenau in knapp 6 Stunden. Die Pferde waren völlig erschöpft, aber die Reiter fühlten sich wohl.

Goethe begleitete den Herzog im übrigen manchmal auch, wenn dieser in preußischen Diensten als Generalmajor und Kommandeur eines Kavallerieregiments fern von Wei-

Der Freiheitsbaum. Aquarellierte Zeichnung von Goethe 1792

mar aktiv war. So besuchte er seinen Dienstherren 1790 in dessen Garnison Aschersleben, begleitete ihn in das Feldlager in Schlesien und unternahm von dort aus Ausflüge zu Pferde und zu Fuß in die Grafschaft Graz, zur Schneekoppe und sogar bis Krakau und Czenstochau. Und als Herzog Carl August seinen Freund als Gast und Künstler bei sich und seiner Truppe in der Campagne haben wollte, folgte ihm Goethe 1792. Sein Aufenthalt war mit strapaziösen und oft nicht ungefährlichen Ritten verbunden. Aber er war dabei und wurde so zum Augenzeugen des Feldzuges gegen Frankreich, der dann mit einem Fiasko endete, und er erlebte auch im Jahr darauf die Belagerung von Mainz aus unmittelbarer Nähe.[24]

Goethe suchte sich übrigens seine Pferde fachmännisch aus und ritt sie auch selbst ein. Er beherrschte das Voltigieren und sorgte für dessen Verbreitung in Weimar. Er kümmerte sich um die Pferdezucht, um die Reitschule und die Veranstaltungen auf der Weimarer Reitbahn und sogar um die Belange der reiterlichen Ausbildung der herzoglichen Kavallerie. Welche Ratschläge er dabei gegeben haben mag, klingt im Schauspiel „Egmont" an: *[...] dem edeln Pferde, das du reiten willst, mußt du seine Gedanken ablernen, du mußt nichts Unkluges, nichts unklug von ihm verlangen.*[25]

Es kann also nicht die Rede davon sein, daß Goethes Verhältnis zum Reiten sich nur auf den praktischen Nutzen des Pferdes als Transportmittel reduzieren läßt und auch nicht nur auf den ästhetischen Genuß, den ihm der Anblick edler Reitpferde vermittelte, ob nun in natura oder in Gestalt von Kunstwerken.[26]

Seine Wertschätzung der Reitpferde findet sinnbildhaft in dem Epigramm „Die Sicherheit" ihren Ausdruck: *Nur das feurige Roß, das mutige, stürzt auf der Rennbahn, Mit bedächtigem Paß schreitet der Esel daher.*[27] Daß er ein leidenschaftlicher Pferdeliebhaber war, kam auch in einer Rede zum Ausdruck, die er bei der Eröffnung der Weimarer Freitagsgesellschaft am 9. September 1791 hielt und in der es um das Kunstleben in Weimar generell ging:

Der arabische Zuchthengst „Alamansor". Zeichnung von Heinrich Cotta 1824

[...] da einmal von Leibesübungen die Rede ist, würden wir auch von der Fecht- und Reitkunst sprechen und vielleicht bemerken, daß jene gleichfalls nach und nach zu verschwinden anfängt; desto mehr aber verdient diese unsere Aufmerksamkeit, da sie die Ausbildung, Erhaltung und zweckmäßige Benutzung des kostbaren, einzigen und in seiner Vollkommenheit immer seltener werdenden Tieres zum Zweck hat.[28]

Wie sinnbildlich in einem Brief an Herder 1772 ausgedrückt, bewunderte er auch die meisterliche Fähigkeit der Wagenlenker, die Pferdegespanne zu beherrschen:

Wenn du kühn im Wagen stehst,
und vier neue Pferde wild unordentlich sich an deinen Zügeln bäumen,
du ihre Krafft lenckst,
den austretenden herbey, den aufbäumenden hinabpeitschest,
und iagst und lenckst,
und wendest, peitschest, hältst,
und wieder ausjagst,
biß alle sechzehn Füsse in einem Tackt ans ziel tragen.
Das ist Meisterschafft, [...], Virtuosität.[29]

Seine Achtung für solche Meisterschaft zeigte er auch, als er 1817 extra das Rudolstadter Schloß besuchte, um dort die Gipsabgüsse der Köpfe zweier Kolossalstatuen antiker Roßbändiger zu besichtigen. Als passionierter Reiter erwies er sich auf nahezu allen seinen Lebensstationen. In seinen lebensgeschichtlichen Bekenntnissen, in der „Harzreise" (1777 und 1783), in der „Italienischen Reise" (1816), in der „Campagne in Frankreich" (1822), in den „Tag- und Jahresheften" (1822), in „Aus meinem Leben – Dichtung und Wahrheit" (1830) und in anderen Schriften gibt er das anschaulich zu erkennen, ganz zu schweigen von den poetischen Bildern in seinen Gedichten und in Szenen seiner Dramen, die diese Passion künstlerisch-ästhetisch reflektieren. Dafür stehen auch die übermütigen Verse aus „West-östlicher Divan" (1819):

Laßt mich nur auf meinem Sattel gelten!
Bleibt in euren Hütten, euren Zelten!
Und ich reite froh in alle Ferne,
Über meiner Mütze nur die Sterne.[30]

Jagen und Schießen

Das Reiten und Jagen verband sich konsequenterweise mit der Ausbildung Goethes zum Schützen. Als Jüngling hatte er sich schon für das Schützenwesen interessiert, aber erst in Weimar verlangte die waidmännische Praxis Kenntnisse und Fertigkeiten, die sich Goethe mit seiner gewohnten Gewissenhaftigkeit in allen Dingen auch auf diesem Ge-

Kugelfang des Schießplatzes im Welschen Garten. Aquarell von G. M. Kraus um 1780

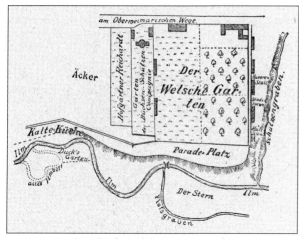

Lageplan des Schießgartens 1733–1786

biet gründlich aneignete. So war er denn bei Übungen auf den Schießständen und im Schützenhaus im Hölzchen am Ilmufer ebenso regelmäßig anzutreffen wie bei den Veranstaltungen zum Vogel- oder Scheibenschießen. Und er absolvierte häufig zusätzliche „Trainingseinheiten", indem er in seinem Garten Übungsschießen veranstaltete, nicht selten gemeinsam mit Gästen. Der Herzog, ein leidenschaftlicher Waidmann, lud Goethe oft als Begleiter ein. Nach einer *solchen halsbrecherischen Jagd im Gebirge* genoß er die stimmungsvolle Atmosphäre des abendlichen Lagers. Vor den selbstgebauten Hütten im Wald ließen die Jäger Feuer leuchten, *kochten und brieten, was die Jagd gegeben hat*, ergötzte sich *die Gesellschaft mit allerlei trockenen Späßen, während die Weinflasche von Hand zu Hand ging.*[31] Diese Stimmung klingt als eine nächtliche Traumerscheinung in dem Gedicht „Ilmenau" (1783) an.

In seinen Tagebuchaufzeichnungen registrierte er gewissenhaft die Ergebnisse bei den Übungen wie in der Jagdpraxis, so am 1. Oktober 1776 in einem Vermerk: *Viel geschwatzt auf dem Birschgang, [...], und folgl. nichts geschossen.*[32] Nach einer winterlichen Hasenjagd mit Herzog Carl August auf den Feldern und Hügeln bei Apolda notierte er: *[...] morgens halb sechs auf. Gegen neun auf der Jagd leidlich geschossen vergnügt Abends zu Pferd schnell herein* nach Weimar.[33] Viele Jahre später hieß es, fast wie Jägerlatein klingend, nach der Jagd Ende Dezember 1818 in den Wiesen von Schwansee bei Weimar: *[...] 2000 Hasen weniger auf der Welt.*[34]

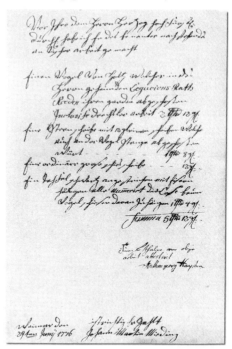

Rechnung des Hof-Ebenisten J. M. Mieding für Scheiben und einen hölzernen Schießvogel in Goethes Garten

Jagdkutsche von Carl August. Steindruck

Gleichwohl lassen andere Äußerungen Goethes erkennen, daß sich seine Ambitionen, Schützenkönig beim Scheibenschießen oder bei der Jagd zu werden, in engen Grenzen hielten. Er pries zwar den gesundheitlichen Nutzen durch Bewegung und den ästhetischen Genuß in der Begegnung mit der Natur als die wesentlichen Vorteile der Jagdausübung und die Psyche eines von Jagdleidenschaft Besessenen traf er verständnisvoll aus eigenem Erleben im Monolog des „Egmont" in der Gefängnisszene: *Frisch hinaus, da, wo wir hingehören, ins Feld, [...] wo das Verlangen, vorzudringen, zu siegen, zu erhaschen, seine Faust zu gebrauchen, zu besitzen, zu erobern durch die Seele des jungen Jägers glüht.*[35] Aber das verstellte nicht seinen kritischen Blick, der sich am eigenen Beobachten der Verhältnisse schärfte. Er begriff, daß die fürstliche Jagd einen sozialen Konfliktstoff von äußerster Brisanz bot. Die Bauern litten unter dem verheerenden Wildfraß auf ihren Feldern durch die Hege der unverantwortlich großen Bestände von Rot- und vor allem von Schwarzwild; besonders extrem war die Unzahl von Wildschweinrotten im Hofjagdrevier des Ettersbergs, die ohne Gatter gehalten wurden. Zum anderen führten die aufwendigen, turbulenten Jagdveranstaltungen des Herzogs zur Repräsentation und zum Vergnügen der zahlreichen Jagdgesellschaften immer zu großflächigen Zerstörungen der Felder und Äcker der Bauern.[36] Die Jagd brachte also nicht nur Vergnügen, sondern auch Verderben.

In seinem Gedicht „Harzreise im Winter", das schon auf seiner Wanderung zu Fuß und zu Pferde durch die winterliche Landschaft 1777 entstand, wird dieser Mißstand reflektiert:

Segne die Brüder der Jagd
Auf der Fährte des Wilds
Mit jugendlichem Übermut
Fröhlicher Mordsucht,
Späte Rächer des Unbills,
Dem schon Jahre vergeblich
Wehrt mit Knütteln der Bauer.[37]

Und etwa zehn Jahre später machte er aus seiner Abneigung gegen die ganze Jägerei kein Hehl mehr. In den „Xenien" findet man auch das Epigramm „Die Weidtasche": *Reget sich was, gleich schießt der Jäger; ihm scheinet die Schöpfung, / Wie lebendig sie ist, nur für den Schappsack gemacht.*[38]

Als Herzog Carl August im Anschluß an das Erfurter Fürstentreffen 1808 Napoleon I. und die anderen europäischen Herrscher zu einer großen Jagd am Ettersberg einlud, hatte Goethe dagegen offenbar keine Einwände. Vielleicht war es weniger seine Staatsraison, die seine Zurückhaltung erklären könnte, sondern eher sein Stolz über das Wohlwollen, das der Kaiser Frankreichs ihm und seinem Werk in der gewährten Audienz in Erfurt und auch beim zweiten Treffen in Weimar entgegenbrachte. Daß der exellente Menschenken-

Schloß Ettersburg bei Weimar. Radierung von G. M. Kraus

ner Napoleon schon bei der ersten Begrüßung nach eindringlicher Musterung seines Besuchers meinte, Goethe habe sich für sein Alter gut gehalten, und dann feststellte: „Vous êtes un homme!",[39] und daß er sich dann ausführlich, sachkundig und lobend über seinen „Werther"-Roman äußerte, tat Goethe sichtlich wohl.

Obwohl das Bogenschießen zu Goethes Zeiten nicht mehr direkt zur Jagdpraxis zählte, war es nach seiner Auffassung eine der wertvollen und unverzichtbaren Formen der Körpererziehung der Jugend. Also reagierte er in einem Gespräch am 1. Mai 1825 äußerst lebhaft auf Eckermanns Begeisterung für das Bogenschießen, das dieser in Brabant kennengelernt hatte:

Goethe zwischen 1792 und 1795. Aquarell von Heinrich Meyer

[...] ich kann mir denken, es mag schön sein, dieses Brabanter Schießen. Unser deutsches Kegelbahnvergnügen erscheint dagegen roh und ordinär und hat sehr viel vom Philister." Das Schöne beim Bogenschießen ist, erwiderte ich, daß es den Körper gleichmäßig entwickelt und die Kräfte gleichmäßig in Anspruch nimmt. [...] Ich kenne keine körperliche Übung, die nur irgend damit zu vergleichen. „Es wäre etwas für unsere Turnanstalten", versetzte Goethe. „Und da sollte es mich nicht wundern, wenn wir nach zwanzig Jahren in Deutschland tüchtige Bogenschützen zu Tausenden hätten. Überhaupt mit einer erwachsenen Generation ist nie viel zu machen, in körperlichen Dingen wie in geistigen, in Dingen des Geschmacks wie des Charakters. Seid aber klug und fanget in den Schulen an und es wird gehen." Aber unsere deutschen Turnlehrer, erwiderte ich, wissen mit Pfeil und Bogen nicht umzugehen. „Nun", antwortete Goethe, „da mögen sich einige Turnanstalten vereinigen und einen tüchtigen Schützen aus Flandern oder Brabant kommen lassen. Oder sie mögen auch einige hübsche wohlgewachsene junge Turner nach Brabant schicken, daß sie sich dort zu guten Schützen ausbilden und auch lernen, wie man Bogen schnitze und

die Pfeile mache. Diese könnten dann in deutschen Turnanstalten als Lehrer eintreten, als wandernde Lehrer, die sich bald bei dieser Anstalt eine Zeitlang aufhalten und bald bei einer anderen.[40]

Schwimmen

Goethe nahm auch einen Ratschlag seines Leipziger Professors Gellert ernst, die positiven Wirkungen des Badens und Schwimmens im kalten Wasser für die Gesundheit zu nutzen, und er erprobte diese Form der körperlichen Ertüchtigung seinen Aufzeichnungen nach zuerst 1773 in der Lahn bei Bad Ems. Auf seiner ersten Reise in die Schweiz 1775 badete und schwamm er gemeinsam mit gleichaltrigen Freunden nackt im Züricher See und in den eiskalten Sturzbächen der Gebirge. In „Dichtung und Wahrheit" erinnert er sich, daß das Baden in unbeengten Gewässern am allerersten für poetische Äußerungen qualifiziere:

> [...] beim Anblick und Feuchtgefühl des rinnenden, laufenden, stürzenden, in der Fläche sich sammelnden, nach und nach zum See sich ausbreitenden Gewässers, war der Versuchung nicht zu widerstehen. Ich selbst will nicht leugnen, daß ich mich, im klaren See zu baden, mit meinen Gesellen vereinte und, wie es schien, weit genug von allen menschlichen Blicken. Nackte Körper jedoch leuchten weit, und wer es auch mochte gesehen haben, nahm Ärgernis daran.[41]

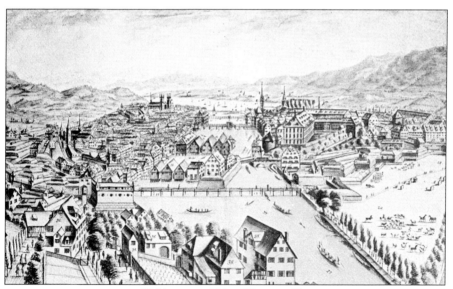

Zürich um 1775. Blick auf Limmat und See

Badehaus an der Ilm. Kreidezeichnung mit Sepia von G. M. Kraus

Goethe genoß während seiner Reisen das Schwimmen auch im Rhein, in der Rhône und im Tiber. Und in Weimar badete und schwamm Goethe, seiner gesellschaftlichen Stellung verpflichtet und also sittsam im Badeanzug, hauptsächlich in der Ilm, vom Badehaus aus, oder im Floßgraben, einem Nebenarm. Als ihn Reinhold Lenz besuchte und er ihn in sein Gartenhaus einlud, badeten und lärmten beide allerdings nächtlich nackend in der Ilm. In den ersten Jahren war es auch der Herzog, der Goethe und ausgesuchte junge Männer aus der Hofgesellschaft an warmen Sommerabenden zu erquickenden Stunden im fürstlichen Bad an der Ilm um sich scharte.

Goethes Tagebücher sind voll von Notizen über seine Badefreuden. Er erlebte sie zu jeder Jahreszeit, bei jedem Wetter, sogar wenn Schnee lag. Und da er oft auch nachts schnell noch ein erfrischendes Bad in der Ilm nahm, die dicht am Grundstück seines Gartenhauses vorbeifloß, und dann beim Schwimmen Vorübergehende bemerkte, hatte er seinen Spaß daran, sie zu erschrecken. Da Schwimmen zu jener Zeit noch nicht so bekannt war, zumal in der Nacht, konnte er durchaus schon mal als Gespenst ausgemacht werden.[42]

Auf seinen Reisen, ob innerhalb des Herzogtums oder – wie während der ersten Schweizer Reise – auch in anderen Ländern, nutzte Goethe gerne sich bietende Gelegenheiten zum Schwimmen. Diese Gewohnheit war seiner Auffassung nach wohlbegründet: *Das Baden steht, als das höchste Symbol der Abspannung, entgegengesetzt der höchsten Kraftäußerung im Kampfe.*[43] Diese Feststellung stimmt völlig überein mit der Praxis von Athleten im modernen Hochleistungssport, nach der Anstrengung des harten Wettkampfes das Entspannungsbad aufzusuchen. Er selbst empfand stets Freude über sein gesteigertes Wohlbefinden nach jedem Bad. Sein Gedicht „Der Fischer" (1779) enthält eine Empfehlung in dieser Richtung:

Ach wüßtest du, wie's Fischlein ist
So wohlig auf dem Grund,
Du stiegst herunter wie du bist,
Und würdest erst gesund.[44]

Bildhaft ist sein Vergleich, wie man einen Mangel an Mut und Entschlußkraft überwinden kann: *Es ist damit wie beim Baden die Scheu vor dem Wasser, man muß nur rasch hineinspringen, und das Element wird unser sein.*[45]

Schlittschuhlaufen

Es waren die Oden von Friedrich Gottlieb Klopstock, die die Neugierde des jungen Goethe weckten und ihn – beginnend schon in Frankfurt – dann rund 25 Jahre, bis 1799, zum begeisterten Schlittschuhläufer werden ließen. So heißt es in einem Brief 1774: *Es ist wieder Eis Bahn, adieu ihr Musen, oder mit hinaus auf die Eis Bahn, wohin ihr Klopstocken folgtet.*[46] Und seine Hochstimmung an einem Wintertag auf dem zugefrorenen Main bei Frankfurt ließ er in „Dichtung und Wahrheit" nachklingen: *Grenzenlose Schlittschuhbahnen, glattgefrorene weite Flächen wimmelten von bewegter Versammlung. Ich fehlte nicht vom frühen Morgen an.*[47] Rückblickend erinnerte er sich an die Beweggründe seiner Leidenschaft:

Friedrich Gottlieb Klopstock

Wie man aber Verletzungen und Krankheiten in der Jugend rasch überwindet, weil ein gesundes System des organischen Lebens für ein krankes einstehen und ihm Zeit lassen kann, auch wieder zu gesunden, so traten körperliche Übungen glücklicherweise bei mancher günstigen Gelegenheit gar vorteilhaft hervor, und ich war zu frischem Ermannen, zu neuen Lebensfreuden und Genüssen vielfältig aufgeregt. Das Reiten verdrängte nach und nach jene schlendernden, melancholischen, beschwerlichen und doch langsamen und zwecklosen Fußwanderungen. Die jüngern Gesellen führten das Fechten wieder ein; besonders aber tat sich bei eintretendem Winter eine neue Welt vor uns auf, indem ich mich zum Schlittschuhfahren, welches ich nie versucht hatte, rasch entschloß, und es in kurzer Zeit durch Übung, Nachdenken und Beharrlichkeit so weit brachte, als nötig ist, um eine frohe und belebte Eisbahn mitzugenießen, ohne sich gerade auszeichnen zu wollen.

Diese neue frohe Tätigkeit waren wir denn auch Klopstocken schuldig, seinem Enthusiasmus für diese glückliche Bewegung, den Privatnachrichten bestätigten, wenn seine Oden davon ein unverwerfliches Zeugnis ablegen. Ich erinnere mich ganz genau, daß an einem heitern Frostmorgen ich, aus dem Bette springend, mir jene Stellen zurief: „Schon von dem Gefühle der Gesundheit froh, hab' ich weit hinab, weiß an dem Gestade gemacht den bedeckenden Kristall. Wie erhellt des Winters werdender Tag sanft den See! Glänzenden Reif, Sternen gleich, streute die Nacht über ihn aus."

Mein zaudernder und schwankender Entschluß war sogleich bestimmt, und ich flog sträcklings dem Orte zu, wo ein so alter Anfänger mit einiger Schicklichkeit seine ersten Übungen anstellen konnte. Und fürwahr diese Kraftäußerung verdiente wohl von Klopstock empfohlen zu werden, die uns mit der frischesten Kindheit in Berührung setzt, den Jüngling seiner Gelenkheit ganz zu genießen aufruft und ein stockendes Alter abzuwehren geeignet ist. Auch hingen wir dieser Lust unmäßig nach. Einen herrlichen Sonnentag so auf dem Eise zu verbringen genügte uns nicht; wir setzten unsere Bewegung bis spät in die Nacht fort. Denn wie andere Anstrengungen den Leib ermüden, so verleiht ihm diese eine immer neue Schwungkraft. Der über den nächtlichen, weiten, zu Eisfeldern überfrorenen Wiesen aus den Wolken hervortretende Vollmond, die unserm Lauf entgegensäuselnde Nachtluft, des bei abnehmen dem Wasser sich senkenden Eises ernsthafter Donner, unserer eigenen Bewegungen sonderbarer Nachhall vergegenwärtigten uns Ossianische Szenen ganz vollkommen.[48]

Für Klopstock als spiritus rector der Eislaufbewegung in Deutschland und für seine Anhänger war der vorher verbotene Eislauf geradezu ein Symbol für die Befreiung aus der Enge des damaligen gesellschaftlichen Lebens, von den Zwängen des Verhaltens und der Erziehung bis zur Bekleidung in der Zeit des Rokoko. Seine Dichtungen, vor allem die Gesänge seines „Messias" (1748), kündigten eine neue Epoche in der deutschen Literatur an. Und sie fanden ihre Entsprechung in seinen Bestrebungen, vor allem die Jugend durch Spiele und Übungen in der freien Natur zu gewinnen, Körper und Geist gleichermaßen zu kräftigen. In Dänemark hatte er den Eislauf kennengelernt, und nach seiner Rückkehr warb er nicht nur durch seine Oden, sondern auch durch praktische Demonstrationen für den Eislauf. Und er gewann viele Anhänger, vor allem junge aus allen Schichten der Bevölkerung, darunter auch bekannte Dichter. An Klopstocks Besuch in Frankfurt 1774 er-

Eisfahrt auf den Schwanensee-Wiesen. Ölgemälde von F. Preller 1824

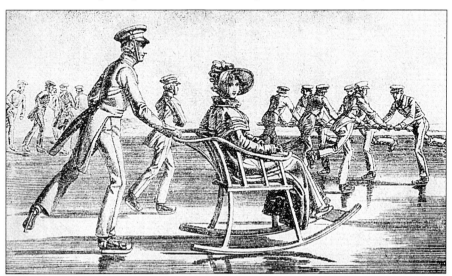
Eislauf zur Goethezeit

innerte sich Goethe später: *Von poetischen und literarischen Dingen hörte man ihn selten sprechen. Da er aber an mir und meinen Freunden leidenschaftliche Schlittschuhfahrer fand, so unterhielt er sich mit uns weitläufig über diese edle Kunst, die er so gründlich durchgedacht und, was dabei zu suchen und zu meiden sei, sich wohl überlegt hatte.*[49]

Die Begegnung geriet zu einer ausführlichen Fachsimpelei, von der richtigen Benennung (Schlittschuhe oder Schrittschuhe) über die besten Typen bis zur praktischen Übung des Eislaufs und sogar bis zum Kunstreiten und Bereiten von Pferden. Goethes Begeisterung für den Eislauf war anhaltend. In Weimar wurde er durch intensives Training immer perfekter, lernte er den Eislauf glänzend beherrschen. So war er denn im Winter häufig auf den überschwemmten und dann zugefrorenen Schwanseewiesen anzutreffen, meistens gemeinsam mit Freunden. Und er warb tüchtig für den Eislauf, so daß es ihm sogar gelang, den höchsten Geistlichen des Herzogtums, Johann Gottfried Herder, nebst Gat-

Herzogin Luise von Sachsen-Weimar-Eisenach

Schlitten für einen Redoutenaufzug. Handzeichnung von Goethe

tin für dieses sportliche Vergnügen auf dem Eis zu gewinnen. Und dessen Gedicht „Die Eisfahrer"[50] wie auch das zweiteilige Gedicht „Der Eistanz", das er in seinem 1778/79 erschienenen Buch „Stimmen der Völker in Liedern" veröffentlichte, ließen erkennen, daß auch er von dieser Art körperlicher Übung fasziniert war. Besonders beliebt waren die Eisfeste auf den künstlich überfluteten Wiesen, die sich in der winterlichen freien Natur in einen „Ballsaal" verwandelten, umgeben von Licht der Fackeln. Das Konzert einer Musikkapelle sorgte für eine heitere Stimmung und das Feuerwerk begeisterte Jung und Alt. Diese Feste waren nach Goethe ein *Versammlungsort guter Gesellschaft,* an dem der junge Herzog mit Gemahlin, Frau von Stein, die Schauspielerin Corona Schröter, die Sängerin Henriette Sonntag, wenn man so will die gesamte Prominenz Weimars, sich ein Stelldichein gaben. Beliebt waren bei diesen Festen die Schlittenfahrten.

Goethe unternahm aber auch im winterlichen Alltag gerne Fahrten mit dem Schlitten, und nicht nur zum reinen Vergnügen. So heißt es beispielsweise in Tagebuchaufzeichnungen im Dezember 1776: *Schlitten probirt nach Tiefurt* (28.), *Nach der Kirche Schlitten gefahren ums Wehbicht* (29.), *Abends nach Tiefurt gefahren allein, den Schlitten zerschlagen* (31.).[51]

Goethe folgte nicht nur praktischen Anregungen Klopstocks, sondern dessen Eislauf-Oden inspirierten ihn zu Eislauf-Gedichten, darunter zu dem wohl schönsten „Die Eisbahn" (1796):

Alle streben und eilen und suchen und fliehen einander;
Aber alle beschränkt freundlich die glättere Bahn.
Durcheinander gleiten sie her, die Schüler und Meister,
Und das gewöhnliche Volk, das in der Mitte sich hält.
Jeder zeigt hier, was er vermag; nicht Lob und nicht Tadel
Hielte diesen zurück, förderte jenen zum Ziel.

[...]

Lehrling, du schwankest und zauderst und scheuest die glättere Fläche.
Nur gelassen! du wirst einst noch die Freude der Bahn.
Willst du schon zierlich erscheinen, und bist nicht sicher? Vergebens!
Nur aus vollendeter Kraft blicket die Anmut hervor.
Fallen ist der Sterblichen Los. So fällt hier der Schüler,
Wie der Meister; doch stürzt dieser gefährlicher hin.

Stürzt der rüstigste Läufer der Bahn, so lacht man am Ufer;
Wie man beim Bier und Tabak über Besiegte sich hebt.
Gleite fröhlich dahin, gib Rat dem werdenden Schüler,
Freue des Meisters dich, und so genieße des Tags.[52]

Goethes leidenschaftliche Liebe zum Schlittschuhlauf hatte sich nicht nur unter seinen Zeitgenossen herumgesprochen, sondern sie beeindruckte auch noch Künstler späterer Jahre. So schuf Wilhelm von Kaulbach eines seiner erzählfreudigen Historienbilder, das Gemälde „Goethe beim Eislauf vor der Mainbrücke", das dann als Kupferstich von I. Raab in der Goethe-Literatur Verbreitung fand. Es gibt noch ein vom Motiv her sehr ähnliches Gemälde von Albert Vogel, das als Federzeichnung von L. Pietsch nachgestaltet wurde. Beide Maler erinnerten sich möglicherweise an eine Episode in einem sehr harten Winter, die Goethe in „Dichtung und Wahrheit" geschildert hatte.[53] Aber auf den Bildern sieht man keinen Knaben, der seiner Mutter nebst Schwester in Frankfurt seine Anfängerversuche vorführt, sondern einen jungen Mann in der vollendet sicheren und eleganten Haltung eines Meisters des Eislaufs, und der wurde er erst in Weimar. Insofern ist die Bildszene historisch nicht ganz korrekt, wenngleich bildkünstlerisch sehr eindrucksvoll gestaltet.

Bergsteigen

Auf allen Lebensstationen, in Leipzig und in Straßburg, in Frankfurt und in Wetzlar, in Weimar und auf seinen Reisen, suchte und fand Goethe, ob wandernd oder reitend, seinen Zugang zur Natur, den er gleichermaßen als geistigen und körperlichen Gewinn für sich empfand. Seine Wege führten ihn auch durch den Taunus, das Lahntal, den Schwarzwald,

Brockenbuch mit Goethes Eintrag

die Vogesen und die elsässische Landschaft, durch Thüringen, das Riesengebirge, das sächsische Erzgebirge, das Fichtelgebirge und den Harz. Goethe entwickelte sich beim Besteigen der Gipfel in den deutschen Mittelgebirgen und – sich dann noch wesentlich steigernd – der Schweizer Alpen und des Vesuvs in Italien zum Bergsteiger mit außergewöhnlichen alpinistischen Qualitäten.

Es war der Reiz der faszinierenden Naturbeobachtung, verbunden mit dem Bergsteigen als körperlicher Leistung ganz besonderer Art, der Goethe immer wieder in die Bergwelt zog. Dabei nahm er die Gefährlichkeit mancher Unternehmungen nicht nur schlechthin in Kauf, sondern verarbeitete sie auf seine Weise. So auch in dem Gedicht „Ilmenau – am 3. September 1783":

Der Vorwitz lockt ihn in die Weite,
Kein Fels ist ihm zu schroff, kein Steg zu schmal;
Der Unfall lauert an der Seite
Und stürzt ihn in den Arm der Qual.
Dann treibt die schmerzlich überspannte Regung
Gewaltsam ihn bald da, bald dort hinaus,
Und von unmutiger Bewegung
Ruht er unmutig wieder aus.
Und düster wild an heitern Tagen,
Unbändig, ohne froh zu sein,
Schläft er, an Seel' und Leib verwundet und zerschlagen,
Auf einem harten Lager ein [...][54]

Das Bergsteigen stärkte das durch Wandern bereits erworbene Potential seiner motorischen Energien beträchtlich. Diese Feststellung wird durch das aufschlußreiche Zeugnis eines Zeitgenossen Goethes belegt, durch seinen Freund Riemer, der seine Beobachtung mitteilte: „Er ging ernsten, sicheren Schrittes einher und doch gewandten Körpers; eine frühe Gymnastik: Tanzen, Fechten, Schlittschuhlaufen, Reiten, sogar Kurier- und Parforcerittе hatten ihm diese Beweglichkeit und Gewandtheit mitgeteilt; die ihn auf schlimmsten Pfaden keinen Fehltritt tun ließ, nicht in Gefahr des Ausgleitens brachte, daß er über Glatteis, schmale Stege, schroffe Fels- und Fußsteige leicht und sicher hinauskam. Wie er als Jüngling in Felsklüften und Steingeröllen mit seinem fürstlichen Freunde herumgeklettert, Turmhöhen und Alpenklippen mit Gemsenfreche erklimmt, so ist ihm, bereits ein Mann, bei seinen geologischen Forschungen fünfzig Jahre hindurch ‚kein Berg zu hoch, kein Schacht zu tief, kein Stollen zu niedrig und keine Höhle labyrinthisch genug.'"[55]

Wenn Goethe für Carl Diem allerdings „der erste Bergsteiger im Deutschen Reiche"[56] war, dann zählt dies zu den vielen Übertreibungen, die mit seinen Schilderungen der körperlichen Leistungen Goethes verbunden sind, so auch die Titulierung Goethes als „erster

Turnlehrer" in Deutschland oder als „Bahnbrecher des Schwimmens." Leider werden solche Phrasen bis in die jüngste Zeit häufig, gerne und unbesehen kolportiert, meist ironisch, oft noch ergänzt um alberne Schlagworte wie „erster Trimmpapst" oder „Vorkämpfer des Nacktbadens (FKK)" in Deutschland. Aber dadurch geraten Schilderungen von wirklichen Leistungen Goethes, die man heute als sportliche bezeichnen würde, schnell ins Unglaubwürdige, oder es amüsiert sich mancher darüber, weil er sie für einen Scherz hält.

Goethe 1791. Kupferstich von Johann Heinrich Lips

Goethe war ohne Zweifel ein vorzüglicher Bergsteiger, auch ein guter Reiter und Schwimmer und glänzender Schlittschuhläufer, wie von vielen seiner Zeitzeugen bekundet wurde. Und daß er durch sein persönliches Beispiel zu einer ständig wachsenden Popularität solcher körperlichen Aktivitäten beigetragen hat, liegt auf der Hand. Immerhin stieß Goethe in seiner Zeit beim Bergsteigen, beim Reiten und bei seinen manchmal Gewaltmärschen gleichenden Wanderungen oft bis an die Grenze seine psychischen und physischen Kräfte vor und genoß bei diesen bewußten Herausforderungen das Erlebnis und die Stimmung eines ausgesprochen glücklichen Wohlgefühls, das seine geistige Produktivität förderte.[57]

Das Bild von Goethe als Kraftnatur und Tatmensch, dessen Wirklichkeitssinn und zupackendem Handeln wurde anerkennend konstatiert. So bestätigte auch der junge Mediziner Christoph Wilhelm Hufeland als zeitweiliger Leibarzt Goethes 1782 dessen „Vollkommenheit", vor allem „das herrliche Gleichgewicht, was sich sowohl über die physischen als geistigen Funktionen ausbreitete, und die schöne Eintracht, in welcher beides vereinigt war".[58]

7.
Reisend durch die Lande

Es wurde errechnet, daß Goethe auf seinen großen Reisen insgesamt etwa 31 000 Kilometer zurücklegte. Hinzu kommen die zahlreichen kleinen Reisen und Ausflüge, die eine Strecke von ungefähr 9000 Kilometer ergeben. Das bedeutet, daß Goethe in seinem zweiundachtzigjährigen Leben rund 40 000 Kilometer auf Reisen und Ausflügen zurücklegte.

Diese Strecke entspräche einer Reise um die Erde.¹ Rein quantitativ ist allein diese Berechnung schon beeindruckend. Aber noch mehr sind die Abläufe und Wirkungen solcher Dienst-, Forschungs- oder Erholungsreisen Goethes von Interesse.² Beurteilt man die Bedeutung der Reisen in seiner Vita, dann besteht der Kern zweifellos in der Feststellung: „Goethes Reisen sind ein wichtiges Element der physischen und psychischen Ökonomie seines Künstlertums, sind Teil seiner Kreativität."³

Gerade viele körperliche Aktivitäten Goethes ergaben sich zwangsläufig oder wurden ganz bewußt von ihm auf diesen Reisen und Ausflügen gesucht. Sie boten Gelegenheiten vor allem zum Wandern und Reiten sowie auch zum Bergsteigen und zum Schwimmen. Dafür stehen als Beispiele die Reisen in die Schweiz, in den Harz und nach Italien.

Fasziniert von der Schönheit der Schweizer Bergwelt

Für die erste Reise in dieses Land entschied sich Goethe, als ihn die beiden Grafen Christian und Fritz Stolberg und Graf Hangwitz, von Göttingen kommend auf dem Wege in die Schweiz, in Frankfurt besuchten. Das frohsinnige Beisammensein mit den drei jungen Leuten bereitete Goethe großes Vergnügen, und als sie ihn schließlich einluden mitzureisen, gab es kein langes Zögern. Es bot sich die Chance, einen langgehegten Wunsch zu erfüllen, das Land kennenzulernen, nach dem er sich sehnte, seit er die Schilderungen der Naturschönheiten der Schweizer Bergwelt in den Schriften Rousseaus, Klopstocks und auch des Schweizer Gelehrten Albrecht von Haller gelesen hatte.

Also packte Goethe kurz entschlossen seine Sachen und verstärkte die Reisegruppe zum Quartett, das seinen Zusammenhalt auch durch die einheitliche Bekleidung sichtbar betonte: „In Frankfurt haben wir uns alle Werthers Uniform machen lassen, einen blauen Rock mit gelber Weste und Hosen, dazu runde graue Hüte", berichtete Christian Graf zu Stolberg in einem Brief.⁴ Zur Werther-Kleidung gehörten noch die gelbbraunen Stulpenstiefel. Insgesamt gefiel diese für jene Zeit überaus moderne und zugleich bequeme Männergarderobe, die man auch „englische Tracht" nannte, so sehr, daß sie

Jean-Jaques Rousseau

zur Modekleidung avancierte und sogar – wenn auch zu nächst noch sehr zögerlich – als Hofkleidung in Weimar offizielle Anerkennung fand.

Am 14. Mai 1775 begann die Reise. Nach einem Zwischenaufenthalt in Darmstadt erreichten sie ihr erstes Reiseziel Zürich, wo sie, wie schon geschildert, ihrem jugendlichen Vergnügen beim Schwimmen im See freien Lauf ließen. Das Erlebnis der Ruderfahrten auf dem Züricher See ließ Goethe in dem Gedicht „Auf dem See" nachklingen:

Und frische Nahrung, neues Blut
Saug ich aus freier Welt;
Wie ist Natur so hold und gut,
Die mich am Busen hält!
Die Welle wieget unsern Kahn
Im Rudertakt hinauf,
Und Berge, wolkig himmelan,
Begegnen unserm Lauf.[5]

Albrecht von Haller

In Zürich besuchte Goethe auch Johann Kaspar Lavater, den Vertreter des „Sturm und Drang" in der Theologie. Mit ihm und dem Reformpädagogen Johann Bernhard Basedow hatte er im Vorjahr eine Lahn- und Rheinreise unternommen. Die lebhafte Erinnerung daran, vor allem auch an den pausenlosen Gelehrtenstreit zwischen dem Geistlichen und dem Pädagogen, der ihn zwar interessierte, aber auch amüsierte, ließ er in einer Gedichtzeile enden: *Prophete rechts, Prophete links, Das Weltkind in der Mitten.*[6] Lavater hatte seinerzeit allgemeines Aufsehen mit seinen „Physiognomischen Fragmenten zur Beförderung der Menschenkenntnis und Menschenliebe" (1775) erregt. Aber Goethes anfänglich spontanes Interesse an dieser neuartigen Methode der Charakteriologie erlahmte, weil seine Zweifel an deren Tauglichkeit zunahmen. Das deutete sich in den Diskussionen mit Lavater in Zürich schon an.

Am 15. Juni unternahm die Gruppe, nunmehr als Quintett, weil der junge Schweizer Passavant sich ihnen anschloß, eine siebenstündige Wanderung über steinige Pfade, reißende Bäche und steile Felsen zum Kloster „Maria Einsiedeln". Dort gaben die drei jungen Grafen, schlicht gesagt, auf, so daß Goethe nun, nur von Passavant begleitet, die beschwerliche Wanderung in höhere Berggefilde fortsetzte. Seine Anstrengungen, Eindrücke und Gefühle schilderte er später in „Dichtung und Wahrheit":

Wir fanden auf unsern Wegen zum erstenmal Schnee, und an jenen zackigen Felsgipfeln hing er noch vom Winter her. Ernsthaft und fürchterlich füllte ein uralter Fichtenwald die unabsehlichen Schluchten, in die wir hinab sollten. Nach kurzer Rast, frisch und mit mutwilliger Behendigkeit, sprangen wir den von Klippe zu Klippe, von Platte zu Platte in die Tiefe sich stürzenden Fußpfad hinab, und gelangten um zehn Uhr nach Schwyz. Wir waren zugleich müde und munter geworden, hinfällig und aufgeregt; wir löschten gähling unseren heftigen Durst und fühlten uns noch mehr begeistert.[6]

Das *Gefühl behaglicher Kraft* nach der Anstrengung erfüllte die beiden Bergwanderer mit einer solchen Munterkeit, daß Goethe in seinem Tagebuch festhielt: *Lachen und Jauchzen dauerte bis nach Mitternacht.*[7] Und natürlich regte dieses Hochgefühl und dieses Wohlbehagen an, sich in der Herausforderung ihres Mutes und ihrer physischen Kräfte noch zu steigern.

So erreichten beide Bergsteiger das von Goethe lang ersehnte Ziel: von Schwyz zum 1800 m hohen Rigi, dann vom Vierwaldstätter See über Altdorf, den Ort des legendären Apfelschusses von Wilhelm Tell, über eine äußerst gefährliche Schneebrücke nach Wassen zu wandern und zu klettern, um in diesem in 931 m Höhe gelegenen Ort zu rasten. Mit Mühe und Schweiß erreichten sie dann den 2108 m hohen Sankt-Gotthard-Paß. Das war zwar nicht der höchste Gipfel der Schweizer Bergwelt, aber er bot die Aussicht auf die Ketten der größten Berge. Das Ersterlebnis des Hochgebirges in seiner majestätischen Größe und Schönheit, in seiner Wildheit und Unberührtheit prägte sich Goethe unvergeßlich ein. Es waren für ihn nicht nur Tage alpinistischer Leistungen, sondern auch des Schwel-

Am Urner Loch auf dem Weg zum Gotthard

Scheide-Blick nach Italien vom Gotthard d. 22. Juni 1775.
Goethezeichnung mit Blei angelegt und zum Teil mit Tusche laviert

gens in einer natürlichen Bilderwelt, das er in seinen Tagebuchnotizen, in Gedichten und Zeichnungen festhielt.

Zunächst mußte Goethe aber Abschied von der Schweiz nehmen. Nach einem erneuten Besuch bei Lavater in Zürich ritt er nach Basel und kehrte über Straßburg, Speyer und Heidelberg nach Frankfurt zurück. Die in der Schweizer Bergwelt gewonnene Hochform seiner körperlichen Kraft und Gesundheit bestimmte nicht unwesentlich seine Stimmung und seine Energien zur konzentrierten literarischen Arbeit, vor allem an der Fortsetzung seines Dramas „Egmont".

Da Goethe in den ersten Weimar Jahren vom jungen Herzog Carl August bei allerlei Vergnügungen, wie vor allem Reiten, Jagen, Schwimmen, als Begleiter gewünscht war und da er in Rückerinnerung an seine eigenen Erfahrungen spürte, daß Carl August sich von den Folgen seiner verweichlichten Kindererziehung befreien wollte und dies nur durch körperliche Übung und Ausbildung geschehen könnte, unterstützte er zunächst diese Aktivitäten seines Freundes. Es war nur natürlich, daß er in diesem Zusammenhang dem Herzog über seine Erlebnisse der Schweizer Reise begeistert berichtete. Und sein sehnsüchtiger Wunsch, nochmals in die Schweizer Bergwelt zurückzukehren, sollte sich 1779 erfüllen, als er Carl August dafür gewann, eine solche Reise mit ihm zu unternehmen. Goethe versprach sich davon auch die Chance, beim Wandern und Bergsteigen als *verspäteter Prinzenerzieher*[8] auf den Herzog einzuwirken.

So kam es, daß sich beide, begleitet von einem kleinen Gefolge des Weimarer Hofes, auf eine Art von Dienst-, Bildungs- und Erlebnisreise begaben. Für Goethe ging die Reiseroute zunächst über Stätten der Erinnerung: In Frankfurt gab es ein Wiedersehen mit der Mutter, in Straßburg und Sesenheim wandelte er auf Wegen seiner Studentenzeit und seiner Jugendliebe, in Emmendingen besuchte er das Grab seiner früh verstorbenen Schwester Cornelia. Für den Herzog bot die Reisestrecke, die ab Basel zu Pferde zurückgelegt wurde, Stationen wie Bern, die er zur Regelung einer staatlichen Angelegenheit, eines Kredits für sein Herzogtum, nutzte, wie Genf und Lausanne, deren Eindruck als Städte er mit Weimar zu vergleichen wünschte.

Beide wollten sich natürlich an den ungewöhnlichen Naturschönheiten der Schweiz erfreuen, und so genossen sie tief beeindruckt den Anblick des Staubbachfalls und des Genfer Sees, des Grindelwaldgletschers und des Gletschers von Chamonix. Goethe zeigte sich auf vielen Stationen als kundiger Reiseführer. Aber es zog ihn in die Hochgebirgsregionen, unbedingt wollte er wieder zum Sankt-Gotthard-Paß, sicher auch, um sich als Bergführer zu bewähren und dem noch unerfahrenen und bei den bisherigen Gebirgswanderungen zu Pferde und zu Fuß oft ungestümen Carl August das erforderliche bergsteigerische Verhalten und Können zu vermitteln. Als „Mentor" des Herzogs hatte Goethe dann auch so manchen Ärger, weil sein „Zögling" sich des öfteren gefährlich leichtsinnig und undis-

Genf. Kolorierter Kupferstich von J. A. Linck

Bad Lenk im Rhonetal. Kolorierter Stich

Der Staubbachfall. Tusch- und Federzeichnung

Breithorn und Großhorn mit dem Oberhorn-See. Stich von Descourtis nach dem Gemälde von Wolf

zipliniert beim Bergsteigen verhielt. *Ich bin auch einigemal unmutig in mir darüber geworden,* berichtete er.⁹

An einem Sonntag, am 10. Oktober, begann endlich die große Bergtour. Bei einem vierstündigen Anstieg auf den 1790 m hohen Steinberg hatten sie einen herrlichen Ausblick auf die beiden Viertausender Mönch und Jungfrauhorn. Nachmittags erreichten sie das 2080 m hohe Oberhorn. Und auch an den folgenden Tagen führte der Weg über strapaziöse Strecken, über Felsen, Bäche und Gletscher. Das Reiten zu Pferde wurde immer beschwerlicher. Die Maultiere der Einheimischen wären besser geeignet bei diesen unwegsamen Aufstiegen ins Hochgebirge, mußte Goethe erkennen, aber *zu Fuße gehen ist am Ende doch immer das angenehmste.*¹⁰ Das grimmig kalte Wetter und die verschneiten Wege ließen es jedoch nicht zu, den Weg zum Sankt Gotthard zu wagen.

Goethe war enttäuscht, aber hoffte, daß sich noch ein weiterer Versuch ergeben würde. Und so setzte er, manchmal mit dem Herzog allein, oft mit der gesamten Begleitung die Wanderungen zu Pferde und zu Fuß durch die Berglandschaft fort, über Eisfelder und steile Bergpässe, auch wenn es schneite und ein eiskalter Wind wehte. Der Anblick der Bergriesen, in immer neuen Perspektiven, entschädigte für alle physischen Belastungen und Widrigkeiten des Wetters. Besonders beeindruckt waren Goethe und alle seine Begleiter, als sie den für Goethe bisher höchsten Berg, den Sattel der Furka (2431 m) zwischen Rhone- und Reußtal, erklommen hatten. Nach einem neunstündigen Marsch bei grimmiger Kälte, den alle als bis dahin ärgste Strapaze empfanden, kamen sie in Realp, in 1547 m Höhe gelegen, an, um dort bei den Kapuzinermönchen zu übernachten. Vorher saß der Herzog mit seinen Begleitern sowie mit den Mönchen, den Trägern und Knechten zum Abendessen an einem Tisch. Goethe freute sich, als die Bergführer eine *glücklich vollbrachte Expedition* lobten *und versicherten, daß sie es nicht mit einem jeden unternehmen würden.*¹¹

Und am 13. November war es soweit: Nach einem fünfstündigen Marsch standen sie auf der Paßhöhe des Sankt Gotthard. Goethe hatte seinen Wunsch erfüllt, alle waren begeistert. Und in dieser Stimmung begann der Abstieg ins Urner Tal. Am nächsten Tag ging es über Luzern und Zürich zum Rheinfall von Schaffhausen. Mit dem Erklettern seiner Felsen, war diese Schweizer Reise

Johann Heinrich Meyer

beendet, ein unvergeßliches Erlebnis für alle Beteiligten, von dem noch lange danach in Weimar erzählt und in einer Reihe von Aufzeichnungen und Schriften Goethes berichtet wurde. Die Rückreise verlief bedeutungslos, die Visiten in den Residenzen von Stuttgart, Karlsruhe und Mannheim zählten zur Routine und waren für Goethe nach dem vorangegangenen Erleben in der Natur geradezu langweilig.

Die dritte Reise in die Schweiz unternahm Goethe 1797 in Begleitung des Schweizer Malers und Kunsthistorikers Heinrich Meyer, der in Weimar als Direktor der Zeichenakademie zum angesehenen Mitarbeiter und guten Freund wurde, sowie seines Schreibers Ludwig Geist. Erneut erfüllte sich Goethes Wunsch, den Sankt-Gotthard-Paß zu ersteigen, aber hauptsächlich galt diese Reise intensiven Studien auf naturwissenschaftichem, künstlerischem, sozialem und wirtschaftlichem Gebiet, verbunden mit Sammlungen von geologischen Funden und Kunstwerken.[12] Die alpinistischen Aktivitäten hielten sich in Grenzen, sein Begleiter Meyer hatte mit der Bergsteigerei nichts im Sinn, so daß Goethe weitere Gebirgstouren aus seinem Programm strich, im übrigen nicht zum Nachteil. Die Konzentration auf die Studien erhöhte natürlich ihren Ertrag in allen Belangen.

Den Harzer Brocken im Winter bezwungen

Wenn heutzutage jemand hört oder liest, daß Goethes erste Besteigung des 1142 m hohen Brockengipfels im Jahre 1777 eine Strecke von sieben Kilometern und eine Überwindung des Höhenunterschieds von rund 340 Metern ausgemacht habe, wird ihm im ersten Moment kaum der Gedanke an eine außergewöhnliche bergsteigerische Leistung kommen. Als man allerdings damals davon erfuhr, wurde der Mut des 28jährigen Dichters und Geheimen Legationsrates am Hofe des Herzogtums Sachsen-Weimar-Eisenach allgemein bewundert. Zum Brocken zog es kaum jemand, weil er als schwer zugänglich galt und sein häufiger Wetterwechsel selbst im Sommer mißtrauisch machte, so daß sich in jenem Jahr nur 138 Wanderer zu einem Aufstieg entschlossen hatten.[13] Was allerdings vor Goethe noch niemand gewagt hatte, war, den Mut zu haben, in der klirrenden winterlichen Kälte, im Wechsel von dichtem Nebel und rauhen Winden, über verschneite Wege und harte Felsen den Gipfel zu besteigen. Er wählte dazu eine Route, an die der „Goethe-Weg" erinnert, der heutzutage alljährlich von Zehntausenden gewandert wird.

Goethe erfüllte sich seinen lang gehegten Wunsch, auf den Gipfel des sagenumwobenen Brocken zu steigen, aus ganz verschiedenen Gründen. Die Krone dieser mitteldeutschen Berglandschaft zu erklimmen war für ihn eine Herausforderung, war wieder einmal eine seiner physisch-psychischen Mutproben, wie ein paar Jahre zuvor das Erklettern der Turmspitze des Straßburger Münsters. Sie versprach ihm eine neue Grenzerfahrung. Und er hatte zu alledem *einen wundersamen geheimen Reiseplan*[14] Denn das ganze Unternehmen war auch seine erste Flucht aus der ihn immer mehr bedrückenden Situation am Weimarer Hof. Die Harzreise sollte ihm dazu dienen, mit sich wieder ins reine zu kommen.

Er holte sich bei seinem Herzog *die Erlaubnis, nach einem kleinen Umweg*[15] der lärmenden Hofgesellschaft zu einem Jagdvergnügen bei Eisenach nachzufolgen. Die Begründung, er müsse sich um seine Dienstgeschäfte kümmern, war einleuchtend. Schließlich war er für das Bergbauwesen zuständig. Und tatsächlich besuchte er auch nicht nur die imposanten Tropfsteinhöhlen bei Rübeland, sondern auch die Stollen bei Goslar, die Kupferhütte bei Oker und die Clausthaler Gruben, nicht nur aus seinem naturwissenschaftlichen Interesse heraus, sondern auch, weil der Herzog solche Erkundungen erwartete, die nützlich sein könnten, im Bergbau bei Ilmenau voranzukommen.

Aber Goethes geheimer Plan war noch weiter gesteckt. Sein Inkognito als Maler Wilhelm Weber aus Darmstadt sollte ihm vor allem dienlich sein, unerkannt und unbehelligt Begegnungen und Gespräche mit möglichst vielen Bewohnern der Region zu suchen und das Erlebnis von Streifzügen zu Pferde und zu Fuß durch die schöne Harzlandschaft ungestört zu genießen.

Am 10. Dezember 1777 war es soweit. Von Altenau aus kam er bei seinem *Führer durch den Schnee*[16] an, beim Förster Christoph Degen, der ihm angesichts des gefährlichen, rauhen und nebligen Wetters dringend abriet, den Aufstieg zu versuchen. Als sich dann aber der Nebel ganz plötzlich verzog, wollte sich Goethe voller Ungeduld sofort allein auf den Weg machen. Daraufhin entschied sich der Förster, ihn zum Gipfel des Brocken zu beglei-

Das Brockenhaus. Ölgemälde von C. G. Carus. Geschenk des Künstlers an Goethe

Der Hübichenstein im Harz. Bleistiftzeichnung von G. M. Kraus 1784

ten. In seinem Tagebuch stehen darüber kurze Notizen: *[...] 1 viertel nach Zehn [...] auf den Brocken [...] 1 viertel nach eins droben, heitrer herrlicher Augenblick, die ganze Welt in Wolken und Nebel, oben alles heiter.*[17] Der Ausblick weit ins Land war für Goethe überwältigend. *In der Mittagsstunde, gränzenlosen Schnee überschauend, auf dem Gipfel des Brokken zwischen ahnungsvollen Granitklippen, über mir den vollkommen klarsten Himmel, von welchem herab die Sonne gewaltsam brannte.* Unter sich sah er *ein unbewegliches Wolkenmeer nach allen Seiten die Gegend überdecken und nur durch höhere oder tiefere Lage der Wolkenschichten die darunter befindlichen Berge und Täler andeuten.*[18]

Und seine Gedanken an die *magischen* Orte in unmittelbarer Nähe, an die Sagen um den Hexentanzplatz und die Walpurgisnacht beflügelten seine Phantasie, säten Keime von poetischen Bildern, die später als Szenen im „Faust" aufgingen.

Als Goethe über Zellerfeld, Lauterberg und Eisenach nach Weimar zurückkehrte, hatte er sein inneres Gleichgewicht wiedergefunden, jedenfalls fürs erste, für die nächsten zehn Jahre bis zur Flucht nach Italien. Seine Briefe bezeugen diesen seinen Wandel ebenso wie sein Gedicht „Harzreise im Winter", von dem er selbst zwar später meinte, daß es *allerdings mysteriöse, schwer zu deutende Spuren* enthalte,[19] das aber gleichwohl das Ausklingen der Sturm- und Drangzeit in seiner Lyrik markierte. Goethe blieb dem Harz verbunden. So unternahm er noch zwei weitere Harzreisen (1783 und 1784), und auch kurze Ausflüge (1789 von Aschersleben und 1805 von Helmstedt aus) führten den Wanderer erneut in diese reizvolle Landschaft.

„Wiedergeburt" in Italien

Knapp zehn Jahre nach der ersten Harzreise war für Goethe die Last seiner „Doppelexistenz" definitiv nicht mehr zu ertragen. Seine psychische Befindlichkeit hatte ihren Tiefpunkt erreicht. Eine Zwischenbilanz seines bisherigen literarischen Schaffens in Weimar erfüllte ihn mit Entsetzen. Er zweifelte, ob er die Fragmente von „Wilhelm Meister", „Tasso", „Iphigenie" und „Faust" je vollenden könne, ja, ob er als Dichter überhaupt noch etwas schaffen werde. Eines war völlig klar: Er mußte sich aus den Fesseln seiner Ämter befreien, weil sie ihn zur völligen Stagnation führten, denn er mußte feststellen, daß er trotz seines fleißigen Einsatzes in diesen Ämtern nichts mehr im guten Sinne bewegen könnte. Hinzu kam die Atmosphäre im Herzogtum.

Goethe sah nur einen Ausweg, die heimliche Flucht. Er bat aber den Herzog um einen längeren Urlaub und um die Zusage, seine Absicht geheimzuhalten. Carl August genehmigte den Wunsch und hielt sein Versprechen. Goethe weihte nur seinen Diener Seidel in den genauen Plan ein. Als Goethe im Herbst 1786 in Karlsbad zur Kur weilte, floh er am 3. September nachts mit einer Kutsche. Über dreißig Stunden fuhr er fast ohne Halt nach Italien, das er – mit dem Paß auf den Namen eines Leipziger Kaufmanns Johann Philipp Möller ausgestattet – zunächst völlig anonym betrat. Hier nannte er sich dann „Filippo Miller. Tedesco. Pittore".[20]

Der Sprudel in Karlsbad. Kolorierter Stich von G. Döbler

Goethe genoß seine neue Lebenssituation in vollen Zügen: die Freiheit von allen Pflichten, den unkomplizierten Umgang mit den Menschen, die Schönheit der Landschaft, die Begegnung mit der Kunst, ob Architektur oder bildende Kunst, die unbändige Lust, alle diese und andere neue Eindrücke literarisch zu verarbeiten. Auch finanziell sorgenfrei, weil er sein ansehnliches Gehalt auf Geheiß des Herzogs weiterbezog, brachte ihm die Zeit in Italien die Erholung von Weimar und somit die geistige, seelische und körperliche Gesundung.[21] *Ja, ich kann sagen, daß ich nur in Rom empfunden habe, was eigentlich ein Mensch ist. [...] ich bin, mit meinem Zustande in Rom verglichen, eigentlich nacher nie wieder froh geworden,* diese Bedeutung der Italienreise für seinen weiteren Lebensweg hob er auch noch im Jahre 1828 hervor.[22]

Goethe in seiner römischen Wohnung. Federzeichnung von J. H. W. Tischbein 1787

Nach seiner Ankunft in Italien blieb Goethe nicht lange unbekannt, weder als ein Herr Kaufmann Möller noch als ein Signore Pittore Miller. Der in Italien lebende Maler Wilhelm Tischbein erinnerte ihn später an die Situation, als er seine geheimnisvollen Pseudonyme lüftete. Es war am 29. Oktober 1786 im alten Albergo dell'Orso in Rom: „Nie habe ich größere Freude empfunden als damals, wo ich Sie zum erstenmal sah. Sie saßen in einem grünen Rock am Kamin, gingen mir entgegen und sagten: Ich bin Goethe."[23]

Das sprach sich natürlich schnell herum. Goethe gewann bald viele neue Freunde. Zu seinem engen Freundeskreis zählten neben Tischbein unter anderen auch die Malerin Angelika Kauffmann, der Schriftsteller Karl Philipp Moritz und der Schweizer Maler Heinrich Meyer. Sie alle fühlten sich in Italien glückselig wie in einem Arkadien.

Philipp Moritz hatte seine Stelle als Lehrer am Grauen Kloster in Berlin verlassen, um gleich dem von ihm hochverehrten Goethe in Italien den Spuren des Altertums, seiner Kunst und seiner Mythologien zu folgen und in ihrem ganzen, noch nacherlebbaren Reichtum zu genießen und zu er-

H. W. Tischbein

Angelika Kauffmann

schließen. Goethe fand in Moritz einen exzellenten Kenner der bahnbrechenden Werke von Winckelmann und Lessing zur Geschichte der Antike. Und er ermunterte den immer etwas verträumt und schüchtern wirkenden Moritz, seinen Kenntnissen literarische Gestalt zu geben. So erschien dann 1791 auch das Standardwerk, das für lange Jahre zum Bestseller auf diesem Fachgebiet wurde, „Götterlehre oder mythologische Dichtungen der Alten".[24] Goethe beriet seinen Freund nicht nur konzeptionell, sondern gestattete ihm auch, von seinen zum Thema passenden poetischen Werken eine Auswahl in das Buch mit aufzunehmen, von „Prometheus" über „Grenzen der Menschheit" und „Ganymed" bis zu Auszügen aus „Iphigenie". Fraglos hat Goethe auch in dieser Zusammenarbeit seine eigenen Kenntnisse von der antiken Körperkultur, speziell von den Spielen der Griechen, erweitert und vertieft.

Die enge Freundschaft der beiden fand im übrigen eine Bewährungsprobe, die ein ganz besonderes Licht auf den Charakter Goethes wirft. Moritz war bei einem Ritt über vereistes, spiegelglattes Pflaster einer Straße im winterlichen Rom mit seinem Pferd gestürzt. Er schilderte den Hergang in einem Brief an J. H. Campe vom 20. Januar 1787 und fuhr dann fort:

Karl Philipp Moritz

„Was nun während den vierzig Tagen, die ich unter fast unaufhörlichen Schmerzen unbeweglich auf einem Fleck habe liegen müssen, der edle menschenfreundliche Goethe für mich getan hat, kann ich ihm nie verdanken, wenigstens aber werde ich es nie vergessen; er ist mir in dieser fürchterlichen Lage, wo sich oft alles zusammenhäufte, um die unsäglichen Schmerzen, die ich litt, noch zu vermehren, und mein[en] Zustand zugleich gefahrvoll und trostlos zu machen, alles gewesen, was ein Mensch einem Menschen nur sein kann. Täglich hat er mich mehr als einmal besucht, und mehrere Nächte bei mir gewacht; um alle Kleinigkeiten, die zu meiner Hülfe und Erleichterung dienen konnten, ist er unaufhörlich besorgt gewesen, und hat alles hervorgesucht, was nur irgend dazu abzwecken konnte, mich bei gutem Mute zu erhalten. Und wie oft, wenn ich unter meinem Schmerz erliegen und verzagen wollte, habe ich in seiner Gegenwart wieder neuen Mut gefaßt, und weil ich gern standhaft vor ihm erscheinen wollte, bin ich oft dadurch wirklich standhaft geworden. Er lenkte zugleich den guten Willen meiner hiesigen deutschen Landsleute, deren itzt eine starke Anzahl ist, und deren freundschaftliches Betragen gegen mich mir auch nie aus dem Gedächtnis kommen wird. Sie waren den andern Tag fast alle bei mir; sie erboten sich alle bei mir zu wachen. Goethe ließ sie losen, wie sie der Reihe nach bei mir wachen sollten; und sogleich waren alle Nächte besetzt, so daß es an jeden nur ein paarmal kam, und dann ließ er andre zwölf um die Stunden am Tage losen, so daß jeder den Tag über eine Stunde bei mir bleiben sollte, damit ich immer abwechselnde Gesellschaft hätte."²⁵

Goethe gab diese Geschichte in Briefen an Charlotte von Stein aus seiner Sicht wider:

[...] Moritz der an seinem Armbruch noch im Bette liegt, erzählte mir wenn ich bei ihm war Stücke aus seinem Leben und ich staunte über die Ähnlichkeit mit dem meinigen. Er ist wie ein jüngerer Bruder von mir, von derselben Art, nur da vom Schicksal verwahrlost und beschädigt, wo ich begünstigt und vorgezogen bin. Das machte mir einen sonderbaren Rückblick in mich selbst [...] (14. Dez. 1786)
[...] Was ich diese 40 Tage bei diesem Leidenden, als Beichtvater, als Finanzminister und geh. Sekretair pp. gelernt [...] (6. Jan. 1787)²⁶

Goethe am Fenster seiner römischen Wohnung. Zeichnung von J. H. W. Tischbein 1787

Goethe bewies durch sein Handeln nicht nur, daß bei ihm Wort und Tat übereinstimmten, indem er sich so verhielt, wie er drei Jahre zuvor den moralischen Anspruch im Gedicht „Das Göttliche" postulierte: *Edel sei der Mensch, Hülfreich und gut!*²⁷ Bemerkenswert ist vor allem auch, daß diese Begebenheit als ein weiteres Beispiel gelten kann für seine Tatkraft und für seinen praktischen Sinn, Gelerntes und Verinnerlichtes auch anzuwenden, in diesem Falle seine ethische Haltung und seine Kenntnisse aus dem Medizinstudium in Leipzig und Straßburg. Sich nach seinen eigenen Worten stark und kräftig wie Apoll fühlend,[28] zog Goethe wandernd und reitend durch Italien, keineswegs etwa nur auf der Suche nach Stätten und Zeugnissen der Vergangenheit, sondern um das „Bestehende" kennenzulernen, Land und Leute, Landschaft und Lebensweise, Kunst und Wissenschaft.[29] Die Natürlichkeit der Italiener und ihr Frohsinn bei den Volksfesten, wie beim Karneval in Rom, beeindruckten ihn, wo immer er sie auf seiner Reise erlebte.

Goethe in der Campagna. Ölgemälde von J. H. W. Tischbein 1787

Das wohl zu den bekanntesten Bildern von Goethe zählende lebensgroße Porträt „Goethe in der Campagna" wurde von seinem Freund Tischbein gemalt. Es stellt ihn bewußt als Wanderer in der Region dar, die von den Italienern „Campagna felix" genannt wurde. Dieses „glückliche Land" steht symbolisch für Goethes Aufenthalt in Italien, den er zu den glücklichsten Zeiten seines Lebens zählte. In der bequemen, für die Wanderschaft gut geeigneten Kleidung genießt Goethe ganz entspannt die Landschaft mit den Ruinen aus der Antike im Hintergrund, in einer Atmosphäre, die der Maler durch die stimmungsvoll gestalteten Farben und das Licht nacherleben läßt. Goethe lobte dieses Bild, denn „es gleicht sehr", während er das etwa zur gleichen Zeit von Angelika Kauffmann in Rom geschaffene Porträt weniger schätzte, denn: *Es ist immer ein hübscher Bursche, aber keine Spur von mir.*[30]

Was Goethe bei seiner Ankunft in Straßburg als erstes unternomen hatte, nämlich den Turm des Münsters zu besteigen, vornehmlich um seine Höhenangst zu bekämpfen, aber auch, um sich einen Überblick über die Stadt und ihre Umgebung zu schaffen, wie-

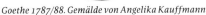

Goethe 1787/88. Gemälde von Angelika Kauffmann

derholte er in Italien, als er die Kirchtürme in Bologna und Pisa, den Markusturm in Venedig und das Observatorium in Padua bestieg. Dieser Gewohnheit ging er nahezu bei allen seinen Reisen nach.

Nach Neapel zog es ihn als Liebhaber der Geologie und Mineralogie, weil er vor Ort den Vesuv inspizieren wollte. Das war natürlich zugleich eine Herausforderung an ihn als begeisterten Bergsteiger, ein nicht ungefährliches und daher gewagtes Unternehmen. Die körperlichen Strapazen der drei Besteigungen des gigantischen Vulkans schildert er in einer seiner interessantesten lebensgeschichtlichen Schriften, in „Italienische Reise":

Den 2. März (1787) bestieg ich den Vesuv, obgleich bei trübem Wetter und umwölktem Gipfel. Fahrend gelangte ich nach Resina, sodann auf einem Maultiere den Berg zwischen Weingärten hinauf; nun zu Fuß über die Lava vom Jahre einundsiebenzig, die schon feines, aber festes Moos auf sich erzeugt hatte; dann an der Seite der Lava her. [...] Endlich erreichten wir den alten, nun ausgefüllten Krater, [...] stiegen [...] an einem erst aufgeworfenen vulkanischen Hügel hinauf [...][31]

Das Klettern war anstrengend, aber mehr noch belastend war der stickige Dampf über dem Krater, den er einatmen mußte. Bei der zweiten Besteigung am 6. März wurde von Goethe noch mehr Wagemut verlangt, da vom Vesuv hörbare Anzeichen einer möglichen Eruption ausgingen.

Am Fuße des steilen Hanges empfingen uns zwei Führer, ein älterer und ein jüngerer, beide tüchtige Leute. Der erste schleppte mich, der zweite Tischbein den Berg hinauf. Sie schleppten sage ich: denn ein solcher Führer umgürtet sich mit einem ledernen Riemen, in welchen der Reisende greift und, hinaufwärts gezogen, sich an einem Stabe, auf seinen eigenen Füßen, desto leichter emporhilft.

Ausbruch des Vesuv. Aquarellierte Federzeichnung von Goethe 1787 (?)

Sich dem Krater nähernd, erlebten sie ein großes, geisterhebendes Schauspiel, das grollende Donnern aus der Tiefe des Kraterschlundes und die nach oben ins Freie geschleuderten Kaskaden von Steinen. *Wie aber durchaus eine gegenwärtige Gefahr etwas Reizendes hat und den*

Widerspruchsgeist im Menschen auffordert, wollte Goethe unbedingt noch näher an den Kraterrand vorrücken. *Der jüngere [der Führer] getraute sich, das Wagestück mit mir zu bestehen, unsere Hutköpfe fütterten wir mit leinenen und seidenen Tüchern, wir stellten uns bereit, die Stäbe in der Hand, ich seinen Gürtel fassend.*[32]

Gewissermaßen hautnah dem Vulkan unmittelbar in den *ungeheuren Rachen* blicken zu können war für Goethe ein unvergeßliches Erlebnis. Und sein persönlicher Mut wurde von allen, die von dieser Besteigung des Vesuvs hörten, bewundert. Andere Unternehmungen Goethes als Wanderer und Bergsteiger in Italien verliefen wesentlich mode-

Das Forum Romanum. Gouache von A. L. Ducros um 1775

rater. Von Rom aus wanderte er in die Albaner Berge. Von Castell Gandolfo aus bestieg er im Dezember 1787 den 956 m hohen Monte Cavo. Goethe entschied sich auch für eine Segeltour nach Sizilien. Das war für ihn ein ungewohntes Unternehmen, und es verlief höchst unangenehm, denn er wurde unterwegs seekrank. Froh, sein Reiseziel erreicht zu haben, ritt er von Palermo aus quer über die Insel nach Messina.

Sizilien als Schmelztiegel vieler alter Kulturen wurde für ihn zu einem einzigartigen Erlebnis. Vor allem vom Besuch der Stätten der griechischen Antike war er sehr beeindruckt. Hier wie auch an anderen Orten Italiens konnte er Winckelmanns Erstaunen nachvollziehen, an einer Brücke zur altgriechischen Kultur zu stehen. Selbst die Reste dieser untergegangenen Kultur, wie *Wasserleitungen, Bäder, Theater, Amphitheater, Rennbahn, Tempel,* zeugten noch von der Sorge für die Allgemeinheit und von der *wahren weltherrlichen Größe* in der weit zurückliegenden Vergangenheit der Griechen.[33]

Eindrucksvoll war für Goethe auch die Besteigung des Ätna, des größten europäischen Vulkans mit einer Höhe von über 3000 Metern und einem Durchmesser am Fuß von 50 Kilometern. Auf der Rückfahrt geriet das Segelschiff in eine gefährliche Situation. Bei abso-

Blick vom Ätna auf die Bucht von Taormina. Aquarellierte Federzeichnung von Goethe 1787

luter Windstille von der Strömung abgetrieben, drohte es an der felsigen Steilküste der Insel Capri zu zerschellen. Unter den Passagieren brach Panik aus. Die Seeleute wurden dadurch in ihren Bemühungen behindert, den Kurs des Schiffes in Richtung Neapel zu ändern. Goethe zeigte in dieser bedrohlichen Lage wieder einmal Selbstüberwindung und Selbstbeherrschung. Er reagierte auf das allgemeine Chaos an Bord als Tatmensch, indem er durch zwingend überzeugende Worte und besonnene, furchtlose Haltung erreichte, daß sich die Passagiere beruhigten. Als dann glücklicherweise Wind aufkam, gelang es der Besatzung, das Schiff wieder auf den richtigen Kurs zum Heimathafen zu manövrieren. Goethe erklärte sein beherztes Verhalten damit, daß er nicht schweigend dem allgemeinen Durcheinander an Bord zusehen konnte, weil ihm *von Jugend auf Anarchie verdrießlicher gewesen sei als der Tod selbst.*[34]

Da Goethe sich auch für Spiele und körperliche Übungen der Italiener in der Gegenwart interessierte, beobachtete er mit Vergnügen auch eine Art Faustballspiel (vier gegen vier Spieler) der Veroneser gegen die Vicentiner vor Tausenden von begeisterten Zuschauern, ein Erlebnis, das er dann viele Jahre später in Band 3 der „Italienischen Reise" (1829) beschrieb. Zusammen mit den beiden ersten Bänden (1816/17) zählt dieser Reisebericht, der eine späte, abgeklärte Bearbeitung spontaner Tagebuch-Aufzeichnungen für Frau von

Stein darstellt, zur reichen literarischen Ernte Goethes aus seiner Italienreise. Aber auch die überarbeiteten Dramen „Iphigenie auf Tauris" (1787) und „Torquato Tasso" (1789) sowie die „Römischen Elegien" (1788/90) sind gewichtige Resultate höchst produktiver literarischer Arbeit als Nachklang der geistigen Beschwingtheit durch die Zeit in Italien. Und zu deren schöpferischem Ertrag gehören auch seine zahlreichen gemalten und gezeichneten Eindrücke.

Das Geschaute auch in Zeichnungen festzuhalten, war für Goethe ein tiefes Bedürfnis, auf allen Stationen seines Lebens und bevorzugt auf seinen Reisen.

Diese Art des Anschauens begleitete mich auf Reisen; ich bestieg die Schweizer und Savoyer hohen Gebirge, erstere wiederholt; Tyrol und Graubündten blieben mir nicht fremd, und

Pyramide des Cestius. Tuschlavierte Federzeichnung von Goethe 1788 (um 1815 überarbeitet)

ich ließ mir gefallen, daß sich diese mächtigen Massen sich wohl dürften aus einem Lichtnebel einer Kometen-Atmosphäre krystallisiert haben. Doch enthielt ich mich von eigentlich allgemeineren Betrachtungen, bestieg den Vesuv und Ätna [...]. Alles was ich hier ausspreche hab' ich wiederholt und anhaltend geschaut; ich habe, damit ja die Bilder im Gedächtniß sich nicht auslöschen, die genausten Zeichnungen veranstaltet [...],

erinnerte er in „Verschiedene Bekenntnisse".[35] Die Zeit in Italien wertete er, überschwenglich, aber innerlich fest überzeugt, nach seiner Rückkehr als eine *Wallfahrt* und *Wiedergeburt*, einen Beginn des *neuen Lebens* und Gewinn der *Ganzheit* seiner *ungeteilten Existenz.*[36] Das mußte für sein Leben und Wirken Konsequenzen haben. Seiner Bitte, von allen bisherigen Ämtern entlastet zu werden, entsprach Herzog Carl August. Allerdings wurde er bald wieder mit verschiedenen Aufgaben, wie Bau des Schlosses in Weimar und der Botanischen Anstalt in Jena, betraut. 1791 wurde er erneut Mitglied des Geheimen Consiliums, 1804 Wirklicher Geheimer Rat und 1815, nach der Erhebung Sachsen-Weimars zum Großherzogtum, Staatsminister, der die Aufsicht über allen Einrichtungen der Kunst und Wissenschaft des Großherzogtums hatte. Goethes Wirkungsstätten waren vor allem das Theater und die Bibliothek in Weimar sowie die Universität in Jena, die ihn anläßlich seines

Besuchskarte von Goethe

50jährigen Dienstjubiläums 1825 zum Doktor der Philosophie und der Medizin ehrenhalber ernannte.

Natürlich wurde das Haus am Frauenplan, in das er umzog, nachdem es ihm vom Herzog als Lohn für die Begleitung in den Feldzügen geschenkt wurde, zur Hauptstätte seines Schaffens als Dichter. Seine Anwesenheit beim herzoglichen Hofgeschehen reduzierte er auf das unvermeidlich Notwendige. Er ging weniger zum Hof, sondern begann indessen seine eigene „Hofhaltung" im damals schönsten Weimarer Haus, das durch die kostbaren Sammlungen es mit jedem Museum der damaligen Zeit aufnehmen konnte, von Funden und Nachbildungen von Kunstwerken der Antike, Porträts berühmter Persönlichkeiten seiner Zeit[37] bis zu Mineralgesteinen aller Art. Das Haus am Frauenplan wurde geradezu zum Wallfahrtsort bedeutender Frauen und Männer aus aller Welt, die kamen, um Goethe zu besuchen und natürlich auch die musealen Schätze zu bewundern.

Und wie war es in den Jahren nach der Italienreise um seine literarische Produktivität bestellt? Es begann eine wichtige Etappe seines Lebens und Schaffens, die durch den Beginn seiner engen Freundschaft mit Schiller 1794 geprägt wurde. Goethe empfand diese sich so produktiv gestaltende Zusammenarbeit mit dem jungen Schiller wie eine zweite Jugend, die ihn wieder zum Dichter gemacht habe. Es ähnelte geradezu einem Wettbewerb,

Goethes Haus am Frauenplan

als beide die Herausgabe der Zeitschrift „Die Horen" (1795), der „Xenien" (1796), der „Propyläen" (1798) begannen, als sie die Freunde der Literatur mit ganzen Serien von Balladen, die bislang die Domäne von Gottfried August Bürger waren, überraschten und erfreuten. Und es war die Zeit bemerkenswerter Theateraufführungen in Weimar, darunter „Wallensteins Lager" von

Schiller zur Zeit seiner Jenaer Professur

Schiller (1798) und „Götz von Berlichingen" von Goethe (1804). In diesen Jahren arbeiteten die beiden Freunde auch intensiv an theoretischen und naturwissenschaftlichen Schriften, dabei – ganz bewußt in Distanz zur herzoglichen Residenzstadt – sehr oft in Jena. Die Frage, die Goethe sich immer mal wieder gestellt hatte, ob er nicht doch Weimar verlassen solle, war entschieden. Es gab gewichtige Gründe zu bleiben: die Dankbarkeit gegenüber seinem Freund und Förderer Herzog Carl August, die jetzt nahezu uneingeschränkten Möglichkeiten für seine literarische Arbeit als Dichter und Wissenschaftler, seine durch tätiges Wirken gewachsene Verbundenheit mit Land und Leuten des Herzogtums, sein unverzichtbarer Freundeskreis und – nicht zuletzt – die Behaglichkeit seines Familienlebens, das er seit seinem Zusammenleben mit Christiane Vulpius schätzen gelernt hatte und nicht mehr missen mochte.[38] *Ich bin Weltbewohner, bin Weimaraner,* bekannte er (nach 1820) in den „Zahmen Xenien", und das waren zwei zusammengehörende Seiten seiner Existenz.[39]

8.
Wenn „der Geist dem Körper nachgab"

Goethes Selbsterziehung und Übung seiner körperlichen Kräfte, Fähigkeiten und Fertigkeiten trugen über Jahrzehnte seines Lebens ihre Früchte, seine körperliches Erscheinung und auch Leistungsfähigkeit machten Eindruck auf alle, die ihn kennenlernten oder davon erfuhren.

Für nicht wenige seiner Zeitgenossen war es allerdings rätselhaft, daß Goethe sein unvergängliches Werk als Dichter durch viele neue Schöpfungen zur Weltgeltung reifen ließ und zugleich über viele Jahre seine vielfältigen Verpflichtungen in Ämtern des Herzogtums erfüllte, zumeist mit viel Erfolg, wenngleich auch mit so manchem Mißerfolg. Daß je-

Christiane Vulpius. Kreidezeichnung von Goethe, 1788

doch die Ausbildung der körperlichen Kräfte und die Herausforderungen seiner beruflichen Tätigkeit in einem positiven Zusammenhang mit seiner geistigen Leistungsfähigkeit stehen könnten, wurde so eindeutig offenbar nur von wenigen wahrgenommen. Goethe hat aber, wie schon dargestellt, immer wieder auf den Wert körperlichen Wohlbefindens für die schöpferische geistige Tätigkeit hingewiesen. Auch hat er seinen Freunden, die ihn besorgt gewarnt hatten vor der Belastung durch seine Ämter, und seinen Gegnern, die sein Ende als Dichter wegen der Übernahme solcher Verpflichtungen triumphierend verkündet hatten, rückbetrachtend mit aller Entschiedenheit entgegnet, daß er zwar oft auch Verdruß empfunden habe und üble Nachreden ertragen mußte, dennoch aber auch viel Freude und Genugtuung erfahren und Erkenntnisse gewonnen habe, die für sein literarisches Werk unverzichtbar waren.

Alter und Lebensweise zeigen Wirkung

Als er das Maß seiner körpererzieherischen Aktivitäten reduzieren mußte, bedauerte er das sehr. Er spürte sehr deutlich negative Veränderungen in seiner körperlichen Befindlichkeit. Bei ihm stellte sich ein, was die sichere Erkenntnis der heutigen Sportmedizin und auch der Gerontologie darstellt: Das aktive Sporttreiben auch über viele Jahre hinweg hat keine Depotwirkung auf Lebenszeit. Zudem wirkte sich bei Goethe der verringerte körperliche Ausgleich bei bleibender oder gar gesteigerter Lust an leiblichen Genüssen bald negativ aus.

Und natürlich bemerkte Goethe das. So schrieb er schon am 15. April 1780 in sein Tagebuch: *[...] erst gut fortgelebt in den lezten Tagen; weil ich keine Bewegung hatte nahm d. S. a. d. B. z.* Das war keine Abkürzung etwa für ein Medikament, sondern bedeutete mit Sicherheit: „nahm der Speck auf dem Bauche zu". Andere Deutungen wie „der Schmerz an der Brust" oder „der Schmerz an dem Bein" können insofern nicht überzeugen, weil die Notiz Goethes sich fortsetzt: *Wenn ich mich nur anhalten könnte, öffter zu reiten. hab ich's doch so bequem.*[1] Diese Folgerung wäre bei Brust- oder Kniebeschwerden einfach unlogisch gewesen, außerdem hätte dann kein Anlaß bestanden, die Beobachtung seines Körpers so verschämt zu verschlüsseln. Der 31jährige

Carolin Schlegel

Goethe fing solche erste Anzeichen noch durch Forcierung seiner körperlichen Kräftigung durch Bewegung ab.

Wenn Caroline Schlegel noch 1796 an Schiller schrieb, „er reitet trotz seiner Korpulenz wacker darauf los",[2] wenn er selbst 1804 feststellte *Übrigens geht es mir gut, solang ich täglich reite [...]*,[3] wenn er am 27. August 1813, im Vorfeld der Leipziger Völkerschlacht, nunmehr schon 64jährig, im Dresdener Raum sechs Stunden auf seinem Pferd reitend verbrachte, ja, wenn er sogar noch 1815 nach dem Sturz seines Wagens in einem einstündigen Eilmarsch nach Meiningen zurückkehrte, zeugt das von einer erstaunlichen Leistungsfähigkeit. Aber solche körperlichen Aktivitäten wurden für ihn selbstredend immer beschwerlicher.

Schon früher bemerkte man allgemein seine auffällige Entwicklung zur Korpulenz, und es blieb auch nicht verborgen, daß er sich zusehends mit allerlei Krankheiten plagte.[4] Seine Freunde waren darüber sehr besorgt. So schrieb Wilhelm von Humboldt am 15. Juni 1812 an seine Frau in einem Brief aus Karlsbad, wo er sich mit Goethe zur Kur aufhielt: „Auch in Goethen spürt man das Alter sehr. Nicht im Geistigen. Er ist noch ebenso munter, so rüstig, so leicht beweglich zu Scherz und Schimpf [...] Allein man sieht, daß er oft an seinen Körper erinnert wird. Mitten in Gesprächen, auch die ihn interessieren, unterbricht er sich, geht hinaus, ist sichtbar angegriffen. Gestern machte ich einen langen Spaziergang mit ihm, aber er mußte sich alle paar tausend Schritt setzen und ausruhen. Der Spaziergang war sehr schön. Wir [...] erreichten die höchste Bergesspitze, von der man durch aus alles übersieht, bei Sonnenuntergang, sahen die Sonne scheiden und gingen im Mondschein zurück [...]."[5]

Wilhelm von Humboldt *Caroline von Humboldt, geb. von Dacheröden*

Goethes Aussehen zwischen 1806 und 1832

Wilhelm von Humboldt machte sich auch Sorgen wegen Goethes Ernährungsverhalten. So teilte er seiner Frau in einem Brief vom 17. November 1823 mit: „Goethe [...] lebt von Bier und Semmel, trinkt große Gläser am Morgen aus und deliberiert mit dem Bedienten, ob er dunkel oder hellbraunes Köstritzer oder Oberweimarisches Bier, oder wie die Greuel alle heißen, trinken soll."⁶ Drei Jahre später schilderte er in einem Brief vom 29. Dezember 1826 seiner Frau, Goethe habe „eigentlich weder Krankheit noch Krankheitsstoff, wie es scheint", er „ist kräftig, heiter und sehr produktiv"⁷, „ist das Bild eines schönen und rüstigen Greises"⁸ und sein neuer Arzt, der junge Dr. Vogel, habe einen guten Einfluß auf ihn, damit dieser „eine bessere Diät führen" werde, „sowohl im Essen und Trinken als in täglicher aber mäßiger Bewegung". Dennoch war er ziemlich verärgert: „Goethe ißt indes doch ziemlich stark. Im Laufe des Vormittags trinkt er ein großes Wasserglas Wein und ißt Brot dazu, und am Weihnachtsfeiertag sah ich ihn des Morgens eine solche Portion Napfkuchen zu dem Wein verzehren, daß es mich wirklich wunderte."⁹ Goethe war zeitlebens ein Feinschmecker, er aß gern und reichlich, und er verschmähte keinen guten Tropfen.

Karl-Eduard von Holtei berichtete nach einem Besuch Goethes 1827: „Der Alte sprach viel und trank nicht wenig."¹⁰ Später (1845) fügte er – sich erinnernd – hinzu: „Der Genuß des Weines belebte sichtlich seine Sprechlust und steigerte die Fülle seines Ausdrucks."¹¹ Und da es an Anlässen zum köstlichen Weingenuß kaum mangelte, seine „Offne Tafel" oft Gäste erwartete, galt eben immer wieder der Spruch: *Ergo bibamus!*¹²

Karl-Eduard von Holtei

Zählte man die Weinflaschen, die Eckermann in seinen „Gesprächen mit Goethe" erwähnt, so könnte dies die Regel bestätigen, die aus den Zeilen des Gedichts „Schatzgräber" (1797) klingt: *Tages Arbeit, abends Gäste! / Saure Wochen, frohe Feste!*¹³ Daß Goethe sich bewußt war, seine Vorliebe für den Weingenuß zu übertreiben und sich damit selbst zu schädigen, geht aus seinem insgeheimen Wunsch hervor, den er schon am 1. April 1780 seinem Tagebuch anvertraut hatte: *Wenn ich den Wein abschaffen könnte wär ich sehr glücklich.*¹⁴ Aber erfüllt hat sich das offenbar nie.

Natürlich rief die Beobachtung von negativen Folgen der Lebensweise Goethes auch Leute auf den Plan, die dies hämisch und bösartig kommentierten, in einer Mischung aus Neid und spießbürgerlicher Denkweise. Allen voran war es der Klatschpublizist Karl August Böttiger, der wegen seiner infamen Intrigen zur meistgehaßten Figur in der Wei-

Karl August Böttiger

marer Szene jener Jahre wurde. Goethe durchschaute solche Typen von Moralisten: *[...] da man nun an mein Talent nicht rühren kann, will man an meinen Charakter,* sagte er zu Eckermann.¹⁵

Es gab indessen in seinem Umkreis auch Leute, die das ebenso sahen und ihn in seiner Meinung verständnisvoll unterstützten oder sich auch später um eine gerechte Beurteilung bemühten. So äußerte sich Arthur Schopenhauer: „In Riemers Mitteilungen über Goethe wird erwähnt, daß Herder und Andere Goethe tadelnd nachsagten, er sei ewig ein großes Kind; gewiß haben sie es mit Recht gesagt, nur nicht mit Recht getadelt." Und: „Goethe ist bis an sein Ende klar, geisteskräftig und geistesthätig geblieben, weil er, der stets Welt- und Hofmann war, niemals seine geistigen Beschäftigungen mit Selbstzwang getrieben hat."¹⁶

Goethe, vielleicht an seine Erfahrungen aus der frühen Jugend sich erinnernd, erkannte – wie aus seinen Aufzeichnungen zu folgern ist – die Fährnisse seines körperlichen Zustandes durchaus, so daß er auch im Alter immer wieder mit Ausdauer und Zähigkeit versuchte, der Krankheit und Schwäche durch Reiten, Baden und Ausfahrten zu Spaziergängen in der freien Natur zu begegnen. Und er disziplinierte sich auch mit zunehmendem Alter zur Einhaltung der verordneten Diätkost. *Es ist unglaublich, [...] wieviel der Geist zur Erhaltung des Körpers vermag. [...] Der Geist muß nur dem Körper nicht nachgeben!* war seine Devise.¹⁷ Und in der Tat fühlte er dann immer wieder auch Linderung seiner Beschwerden. Berührend ist zu lesen, mit welcher geistigen Frische und Leidenschaft er im hohen Alter von seinen vielseitigen Erlebnissen und Erfahrungen bei seiner Selbsterziehung zur körperlichen Aktivität und deren Nutzen berichtete, mit welcher gedanklichen Klarheit er daraus Folgerungen für die Körpererziehung als Thema und Aufgabe der Gesellschaft ableitete.

In den böhmischen Bädern und anderswo als Kurgast

Da die eigenen Bemühungen, durch körperliches Training Krankheiten vorzubeugen oder zu heilen, nicht ausreichten, suchte Goethe durch den regelmäßigen Aufenthalt in Kurbädern sein gesundheitliches Befinden zu stabilisieren. Er schätzte nicht nur das Kurpro-

Der Kreuzbrunnen in Marienbad. Kolorierter Stich von C. G. Hammer

gramm im engen medizinischen Sinne, sondern ihm bedeutete die zwischenmenschliche Kommunikation der Kurgäste sehr viel. Denn: *In reiferen Jahren, wo man nicht mehr so heftig wie sonst durch Zerstreuungen in die Weite getrieben, durch Leidenschaften in die Enge gezogen wird, hat eine Badezeit große Vorteile, indem die Mannigfaltigkeit so vieler bedeutender Personen von allen Seiten Lebensbelehrung zuführt.*[18]

Gewiß waren die Aufenthalte in manchen Jahren auch eine Flucht in die abgeschiedene Ruhe der Bäder, als ringsumher politische und militärische Kämpfe die deutschen Länder und Europa erschütterten.

Allein dreizehn Male war er in dem böhmischen Karlsbad zu Gast, erstmalig 1785, letztmalig 1823, dazwischen dreimal im böhmischen Marienbad und einmal im Bad Teplitz, außerdem noch 1801 im niedersächsischen Bad Pyrmont, seit 1814 oft im thüringischen Bad Berka und 1814/15 im hessischen Wiesbaden. Die Kurerfolge waren allerdings nur von partieller und temporärer Wirkung, obwohl er meistens mehrere Wochen in den Kurbädern verbrachte.

In diesem Zusammenhang wurde ein merkwürdiges Phänomen, das sich bei der Betrachtung seines Lebensweges offenbart, zum Gegenstand nicht weniger Untersuchungen: Einerseits befähigte Goethes robuste körperliche Verfassung ihn jahrelang zu Gewaltmärschen und -ritten, andererseits machte ihn seine sensible Haltung anfällig für urplötzliche gesundheitliche Zusammenbrüche.[19] Einerseits war Goethe um eine geregelte Steigerung seiner natürlichen Anlagen bemüht, handelnd nach dem Grundsatz: *Die Organe des Menschen durch*

Das 1813 begründete Bad Berka. Kolorierter Stich von Th. Goetz

Übung, Lehre, Nachdenken, Gelingen, Mißlingen, Fördernis und Widerstand und immer wieder Nachdenken, verknüpfen ohne Bewußtsein in einer freien Tätigkeit das Erworbene mit dem Angebornen, so daß es eine Einheit hervorbringt [...][20].

Und er vertrat entschieden die Auffassung: *Das Tier wird durch die Organe belehrt; der Mensch belehrt die seinigen und beherrscht sie.*[21] Andererseits vernachlässigte er schon von seiner Studentenzeit an bis ins Alter diese Prinzipien häufig, bedenkt man allein seine Eß- und Trinkgewohnheiten. Aber nicht wenig Zeitzeugen verweisen auch auf erfolgreiche Versuche Goethes zur Kompensation solcher negativen Gewohnheiten, um seine Gesundheit und das psychisch-physische Gleichgewicht herzustellen.[22]

Zu diesen Versuchen Goethes zählen ohne Zweifel vornehmlich seine Kuraufenthalte. Aus Teplitz berichtete er 1813: *Das Baden bekommt mir ganz außerordentlich wohl, ich wüßte nicht, mich jemals besser befunden zu haben.*[23] Aber nicht nur die Heilquel-

Christiane von Goethe, geb. Vulpius.
Miniaturgemälde von K. J. Raabe 1811

Kurgesellschaft am Karlsbader Brunnen. Kolorierter Stich

len und die Diätkost, die er beileibe geregelte Tagesablauf, das Baden, die sollten helfen, zu gesunden und die derzugewinnen. Großen Wert selbst ins reine zu kommen, spräche mit bekannten oder santen anderen Kurgästen. *ren und bequemeren Aufent- Gesellschaft und ganz allein mich interessiert und mir Freude treiben*, schrieb er am 16. Juli den Kurorten fand er auf Aus- Gelegenheit, seine geologischen betreiben und Motive der Land- fassen. Viele, die ihm dort be- Aussehen insgesamt, seine kör- Frische, sein freundliches We- Note Goethes war auch bei denn meistens verschränkte Rücken. Das betonte ganz be- tung, der man sogar den Na-

nicht immer einhielt, auch nicht der Spaziergänge und das Wandern allein körperlich-geistige Harmonie wie- legte er auf die Muße, mit sich und auf die Begegnungen und Ge- neu kennengelernten interes- *Ich wüßte mir keinen angenehme- halt [...] Man kann hier in großer sein, wenn man will. Und alles, was macht, kann ich hier finden und* 1807 an seine Frau Christiane.[24] In flügen in die Umgebung auch die und mineralogischen Studien zu schaft in Zeichnungen zu er- gegneten, schilderten sein gutes perliche Haltung und geistige sen. Und eine ganz persönliche den Spaziergängen auffällig, er dabei seine Arme auf dem wußt sein gute, gerade Hal- men „Goethe-Haltung" gab.

Goethe 1828. Statuette von Ch. D. Rauch

Teil III

Geistige Produktion, historische Vorbilder und pädagogische Bestrebungen

9. Entdeckung „produktivmachender Kräfte [...] auch in der Bewegung" als Erfahrung

DIE UNZÄHLIGEN ZEUGNISSE SEINER VIELSEITIGEN SCHULUNG UND ÜBUNG DER KÖRPERlichen Kräfte lassen darauf schließen, daß es sich um mehr als eine Neigung Goethes zur Bewegung, zur Leistung und zum Vergnügen bei sportlichen Aktivitäten, um mehr als eine Prophylaxe und Therapie zur Stabilisierung der Gesundheit und als ein Streben nach leiblich-geistig-seelischer Harmonie handelte. Tatsächlich ging es ihm auch und nicht zuletzt um die körperliche Aktivität als Quelle geistiger Produktivität, also um ein Thema, das auch noch im 20. Jahrhundert Gegenstand öffentlicher Polemik war und sicher weiterer Erörterungen sein wird. Erinnert sei an den streitbaren und umstrittenen Artikel „Sport und geistiges Schaffen" von Bertolt Brecht, der sich 1926 gegen die provokante Aufforderung „Dichter sollten boxen" von Frank Thieß richtete.[1] Auch in den letzten Jahrzehnten war diese Problematik das Thema nicht weniger wissenschaftlicher Veranstaltungen und Veröffentlichungen.

Körpererziehung und geistige Produktivität

Als Schlüsselgedanke Goethes zu dieser Problematik könnte eine Äußerung gegenüber Eckermann gelten:

> Es liegen [...] produktivmachende Kräfte in der Ruhe und im Schlaf; sie liegen aber auch in der Bewegung. Es liegen solche Kräfte im Wasser und ganz besonders in

Lord George Noel Gordon Byron

der Atmosphäre. – Die frische Luft des freien Feldes ist der eigentliche Ort, wo wir hingehören; [...] – Lord Byron, der täglich mehrere Stunden im Freien lebte, bald zu Pferde am Strande des Meeres reitend, bald im Boote segelnd oder rudernd, dann sich im Meere badend und seine Körperkraft im Schwimmen übend, war einer der produktivsten Menschen, die je gelebt haben.[2]

Geht man davon aus, daß beispielsweise eine Gesamtausgabe seiner Werke, wie die Sophien-Ausgabe oder Weimarer Ausgabe, die von 1887 bis 1912 herausgebracht wurde, insgesamt 143 Bände umfaßt, hat Goethe allerdings den von ihm verehrten Lord Byron um ein Vielfaches übertroffen. Ein paar ausgewählte Zahlen widerspiegeln seine geradezu unglaubliche literarische Produktivität. In den acht Jahrzehnten seines Lebens schrieb er rund 1600 Gedichte, zirka 1000 Sprichwörter in Versen und 1000 Aphorismen in Prosa, 54 Theaterstücke, 20 Bände lebensgeschichtliche Bekenntnisse, Einzelbände über Kunst und Literatur, über naturwissenschaftliche Themen, Reisebeschreibungen und rund 15 000 Briefe,[3] und hinzugezählt werden könnte noch das umfängliche Schriftgut, das durch ihn in seinen Ämtern entstand. Goethe betonte aber in den unterschiedlichsten Zusammenhängen stets, daß geistige Produktivität nicht an der Masse der Resultate gemessen werden könne, sondern einzig und allein an deren Qualität. Jede Analyse seines Gesamtwerkes bestätigt diesen hohen Anspruch, wie immer auch die differenzierte subjektive Deutung einzelner Schriften beschaffen sein mag.

Goethe bezeichnete das Freisein von Zwängen, von Einengungen durch die Lebensumstände als eine weitere Quelle von geistiger Produktivität, denn nur so sei das direkte Erleben, die wahrhafte Anschauung der Wirklichkeit und die spontane Anregung für den Dichter gegeben.

Von Gedichten aus der Luft gegriffen halte ich nichts.[4] Auch die Ängste vor Lärm, vor Höhen und vor Ekel empfand er als Hemmnis für die geistige Produktivität, deshalb trainierte er – wie geschildert – mit aller Härte gegen sich selbst deren Überwindung. Und nicht zuletzt war die zunehmende und aussichtslose Einengung durch seine Pflichten in dem Ämtern des Herzogtums 1786 einer der wesentlichsten Gründe seiner „Selbstbeurlaubung" für die Reise nach Italien. Da er in Weimar *in den ersten zehn Jahren nichts Poetisches von Bedeutung hervor gebracht* habe, unternahm er die *Flucht nach Italien, um sich zur poetischen Produktivität wiederherzustellen,* erklärte er Eckermann am 10. Februar 1829.[5]

Unter dem Aspekt ihrer Produktivität bewunderte Goethe auch *merkwürdige Menschen,* im Sinne von bemerkenswerten Zeitgenossen, über die er dann Porträts schrieb. So auch über Gottfried Christoph Beireis, den er 1805 mit seinem Sohn August besuchte. Goethe verblüffte die Universalität des an der von 1576 bis 1809 bestehenden Universität Helmstedt wirkenden Mediziners, Naturwissenschaftlers und Sammlers, weil dieser *in den sämtlichen Fakultäten zu Hause* sei und *jeden Lehrstuhl mit Ehre* betreten könne. Dessen imposante Eintragung in das Stammbuch des Goethesohnes August scheint dies zu belegen: „Godofredus Christophorus Beireis, Primarius Professor Medicinae, Chemiae, Chirurgiae, Pharmaceutices, Physices, Botanices et reliquae Historiae naturalis. Helmstadii a. d. XVII Augusti MDCCCV". Goethe beschrieb seinen persönlichen Eindruck von der körperlichen und geistigen Verfassung des Gastgebers: *Nicht groß, wohl und beweglich gebaut, konnte man eben die Legenden seiner Fechterkünste gelten lassen; eine unglaublich hohe und gewölbte Stirn [...] deutete auf einen Mann von besonderen Geisteskräften, und in so hohen Jahren konnt er sich fürwahr einer besonders muntern und ungeheuchelten Tätigkeit erfreuen.*

Er hielt auch die von anderen geschilderten körperlichen Fähigkeiten und Fertigkeiten Beireis' für erwähnenswert: *Als Knabe jugendlich mutiger Entschluß, als Schüler rasche Selbstverteidigung; akademische Händel, Rapierfertigkeit, kunstmäßige Geschicklichkeiten im Reiten und sonstige körperliche Vorzüge, Mut und Gewandtheit, Kraft und Ausdauer, Beständigkeit und Tatlust [...]*[6]

August von Goethe

Dieses außergewöhnliche, ehrwürdige und zugleich skurrile, damals schon 75jährige Universalgenie interessierte Goethe auch als lebendiger Beweis für seine Überlegungen über die geistige Produktivität im Alter. Zu diesem Thema hat er sich mehrfach geäußert. So antwortete er Eckermann in einem Gespräch am 11. März 1828:

Jede Entelechie nämlich ist ein Stück Ewigkeit, und die paar Jahre, die sie mit dem irdischen Körper verbunden ist, machen sie nicht alt. – Ist diese Entelechie geringer Art, so wird sie während ihrer körperlichen Verdüsterung wenig Herrschaft ausüben, vielmehr wird der Körper vorherrschen, und wie er altert, wird sie ihn nicht halten und hindern. Ist aber die Entelechie mächtiger Art, wie es bei allen genialen Naturen der Fall ist, so wird sie, bei ihrer belebenden Durchdringung des Körpers, nicht allein auf dessen Organisation kräftigend und veredelnd einwirken, sondern sie wird auch, bei ihrer geistigen Übermacht, ihr Vorrecht einer ewigen Jugend fortwährend geltend zu machen suchen. Daher kommt es denn, daß wir bei vorzüglich begabten Menschen auch während ihres Alters immer noch frische

Epochen besonderer Produktivität wahrnehmen; es scheint bei ihnen immer einmal wieder eine temporäre Verjüngung einzutreten, und das ist es, was ich eine wiederholte Pubertät nennen möchte.[7]

Trotz solcher Schübe von *wiederholter Pubertät,* die zeitweilig ihre Wirkung haben können, zwingt das hohe Alter im Regelfall zu einer veränderten Gestaltung des Lebensregimes, um ein bestimmtes Maß an geistiger Produktivität zu erzielen. Goethe beispielsweise legte deshalb 1828 in Dornburg seinen Tagesablauf kategorisch in einer „Agenda" fest: *Früh [...] fange ich an, mich alt zu fühlen, muß mich sammeln und nach und nach in Gang bringen. Dazu bedarf ich der Einsamkeit.* Dann *bis gegen 12 Uhr* könnten Besucher ihre Anliegen vorbringen. Danach *bis 2 Uhr* seien es die *besten Stunden,* mit seinem Sekretär zu arbeiten. Dann möchte er *zu Tisch* gehen, mit *nie mehr als höchstens noch sechs Personen.* Nachmittags wünsche er sich Unterhaltung, aber nur, wenn sie *geistvoll und belebt* bliebe, sonst würde er sich lieber mit *Kunstsachen* und Musik beschäftigen. Und auf jeden Fall möchte er abends stets *noch ins Freie* fahren, um *die Abendkühlung zu genießen.*[8]

Eine solche Art von Selbstdiziplinierung zu einem regulierten Tagesablauf ist natürlich nicht als Geheimtip von Goethe zu verstehen und undifferenziert nachzuvollziehen. Ihrem Sinne nach stimmt sie jedoch mit gegenwärtigen Erkenntnissen und Empfehlungen der Gerontologie durchaus überein. Selbstredend individuell variabel gestaltet, deckt sie sich auch mit Erfahrungen von geistig bis ins hohe Alter produktiven Persönlichkeiten auf allen Gebieten, die in nicht wenigen lebensgeschichtlichen Darstellungen, in Biographien und Autobiographien, Erwähnung finden. Um den gewünschten Effekt aus einem regulierten Tagesablauf für die geistige Produktivität im Alter zu erzielen, sind allerdings – bei allen individuell unterschiedlichen Vorstellungen – zwei Komponenten der „Agenda" unverzichtbar, die körperliche Bewegung, möglichst in der frischen Luft im Freien, und die vernünftige Ernährung.

Carl Friedrich Zelter

Goethe äußerte sich sehr betont in einem Brief an Zelter am 21. November 1830: *Ich habe keine Sorge, als mich physisch im Gleichgewicht zu bewegen; alles Andere gibt sich von selbst. Der Körper muß, der Geist will, und wer seinem Wollen die nothwendigste Bahn vorgeschrieben sieht, der braucht sich nicht viel zu besinnen.*[9] Dieser Sorge begegnen in hohem Maße die genannten Komponenten. Ihre Beachtung kann allerdings nicht reglementiert, sondern nur durch Selbstregulierung seitens des Individuums wirksam werden. Und das bedeutet auch, dem vorbeugenden gesundheitsfördernden Verhalten individuelle „Spielräume" zu lassen, um „der Gesundheit mehr Weite zu geben". Das war ein Kerngedanke des jungen Arztes Hufeland, als er 1792 in der Weimarer „Freitagsgesellschaft" seinen mit höchstem Interesse verfolgten Vortrag „Die Kunst, das menschliche Leben zu verlängern" hielt, der Goethe und die versammelte Hofgesellschaft tief beeindruckte.[10]

Als Eckermann ihn einmal fragte, ob die geniale Produktivität eines bedeutenden Menschen bloß im Geiste oder auch im Körper liege, antwortete Goethe:

Jedenfalls hat der Körper darauf den größten Einfluß. – Es gab zwar eine Zeit, wo man in Deutschland sich ein Genie als klein, schwach, wohl gar buckelig dachte; allein ich lobe mir ein Genie, das den gehörigen Körper hat.[11]

„Pathologisches" im literarischen Schaffensprozeß

Bemerkenswert ist die Auffassung Goethes von literaturästhetischen Folgen, wenn die *produktivmachenden Kräfte* vernachlässigt werden, aus welchen Gründen auch immer. Nicht nur Bewegungsarmut und Krankheiten, sondern auch Fehlverhalten in der alltäglichen Lebensweise könnten zu Negativwirkungen auf die geistige Produktivität führen. Dazu zählten auch die Genußmittel.

Kategorisch wetterte er gegen den Nikotingenuß: *Das Rauchen [...] macht dumm, es macht unfähig zum Denken und Dichten.*[12] Das war natürlich eine Übertreibung, denn Schiller beispielsweise war ein starker Tabakraucher und -schnupfer, was Goethe an ihm monierte. Die Kaffeetrinkerei war ihm ebenfalls verpönt. Den Genuß alkoholischer Getränke sah er allerdings differenzierter. In einem Gespräch mit Eckermann über Schiller nannte er alle nicht gelungenen Stellen in Werken seines Freundes *pathologische Stellen,* denn sie seien an Tagen entstanden, an denen es dem Dichter an gesundheitlichem Wohlbefinden gemangelt habe.[13] Goethe bezog diese Feststellung auch auf eigene literarische Arbeiten.

Schiller war über viele Jahre hinweg ein sterbenskranker Mann. Als Sohn eines Mediziners und selbst als Medicus ausgebildet, wußte er um seinen hoffnungslosen körperlichen Zustand. Um so bewunderungswürdiger war, daß er trotzdem voller Enthusiasmus, seine Ideen als Dichter zu vertreten, geradezu besessen an seinen Dramen, Gedichten und anderen Schriften arbeitete, über ein Jahrzehnt äußerst produktiv auch an gemeinsamen Publikationen und Theaterinszenierungen mit Goethe. Diesem blieb nicht verborgen, daß Schiller seinem kranken Körper alles abverlangte. Aber er konnte ihm im medizinischen Sinne nicht helfen, sondern ihn nur immer wieder voller Besorgnis ermuntern, wie in einem Brief vom 5. Dezember 1794: *Leben Sie recht wohl und halten Sie sich frisch. Möchten*

Sie doch durch körperliche Zufälle nicht so oft in Ihrer schönen Geistestätigkeit gestört werden.[14] In einem früheren Gespräch (am 18. Januar 1827) hatte Goethe sich schon zur Wirkung des Alkoholgenusses in solchen Situationen geäußert: *Schiller hat nie viel getrunken, er war sehr mäßig; aber in solchen Augenblicken körperlicher Schwäche suchte er seine Kräfte durch etwas Likör oder ähnliches Spirituoses zu steigern. Dies zehrte an seiner Gesundheit und war auch den Produktionen schädlich.*[15]

Eckermann griff das Thema später nochmals auf. Angenommen, so fragte er Goethe, bei einem Dichter wäre die „körperliche Konstitution nicht so fest und vortrefflich, und er wäre vielmehr häufigen Kränklichkeiten und Schwächlichkeiten unterworfen", es würde die „nötige Produktivität sicher sehr häufig stocken und oft wohl Tage lang gänzlich mangeln". Könnte man in solchen Situationen nicht durch die anregende Wirkung von einigen Gläsern geistiger Getränke die „mangelnde Produktivität herbeinötigen und die unzulängliche dadurch steigern"? Darauf antwortete Goethe, daß *ein solches Mittel [...] nicht ganz zu verwerfen* sei, aber: *Mein Rat ist [...], nichts zu forcieren, und alle unproduktiven Tage und Stunden lieber zu verändeln und zu verschlafen, als an solchen Tagen etwas machen zu wollen, woran man später keine Freude hat.*[16]

Daß Goethe diesen Rat auch auf den Arbeitsstil von Staatsbeamten bezogen hat, wäre wohl durchaus denkbar. Denn er billigte nicht deren einseitige theoretische Ausbildung, die sie geistig und körperlich ruinieren würde und die sie praktisch nicht anwenden könnten:

[...] was sie am meisten bedurften, haben sie eingebüßt: es fehlt ihnen die nötige geistige wie körperliche Energie, die bei einem tüchtigen Auftreten im praktischen Verkehr ganz unerlässlich ist. Und dann! bedarf es denn im Leben eines Staatsdieners in Behandlung der Menschen nicht auch der Liebe und des Wohlwollens? – Und wie soll einer gegen andere Wohlwollen empfinden und ausüben, wenn es ihm selber nicht wohl ist?[17]

Von sich selbst konnte Goethe sagen, daß er sein Werk als Dichter vollbrachte und gleichzeitig viele Jahre die geistige und motorische Energie hatte, seine Verpflichtungen in hohen Ämtern des Herzogtums zu erfüllen, nicht obwohl, sondern weil er sich vielseitig und aktiv körperlich betätigte. Goethe gab jedenfalls ein Beispiel dafür, daß jede Tätigkeit, auch die in einer Verwaltung, durch körperliche Belastbarkeit die Voraussetzungen erhöht, sie produktiv und effektiv zu gestalten, und daß andererseits körperliche Kräftigung das allgemeine gesundheitliche Wohlbefinden steigern kann. Und dabei konnte er nicht nur von seinen eigenen Erfahrungen, sondern auch von denen anderer ausgegangen. So war beispielsweise sein Freund Alexander von Humboldt als Student an der Bergakademie Freiberg als kränkelnd bekannt. Aber sein Zustand besserte sich, als er das auch mit hohen körperlichen Belastungen verbundene Amt des Oberbergmeisters von Ansbach-Bayreuth übernahm, und noch mehr, als er während seiner Reisen als Naturforscher in fernen Ländern, die ihn berühmt machten, so als „zweiten, als wissenschaftlichen Entdecker Amerikas", andauernd in Grenzbereiche der Härte von physischen Belastungen geriet.[18]

10. Wiederentdeckung der antiken griechischen Körperkultur

Alexander von Humboldt

Zu Goethes Jugendzeit vollzog sich in Europa so etwas wie ein zweiter Akt der Renaissance, den ein erneutes Erstaunen über die Hochkultur des antiken Zeitalters Griechenlands, die Bewunderung der Literatur, der Architektur, der bildenden Kunst und auch der Körperkultur jener Geschichtsepoche kennzeichnete, obwohl das Verdienst dieser Entdeckung bereits den Humanisten in der Zeit der Renaissance, vor allem in Italien, gebührte. Sie erklärten die klassische Literatur der griechischen Antike enthusiastisch zur Grundlage ihres neuen Bildungsprogramms, dessen Ziel das Ideal vom „uomo universale" war. Sie erhoben die bildende Kunst in ihrer Schönheit zum Vorbild und priesen auch die griechische Gymnastik als nachahmenswertes Beispiel. Aber dieser Aufbruch zu einem neuen Denken und zu einem neuen, auf den Menschen und die Wirklichkeit des Lebens orientiertes Handeln, versank nahezu ganz in Vergessenheit, trotz großartiger Leistungen der Kunst, Literatur und Architektur, trotz bewunderungswürdiger Erfindungen und Entdeckungen. Das 17. Jahrhundert war vor allem vom grauenvollen, zerstörerischen Dreißigjährigen Krieg und von der Überwindung seiner verheerenden materiellen und geistigen Folgen geprägt.

Erst in der zweiten Hälfte des 18. Jahrhunderts regte sich das Interesse an dem großen historischen Vorbild der griechischen Antike erneut. Auch Goethe wurde davon erfaßt. Seine Ansichten über die Harmonie von Geist und Körper, über die Körperziehung und physische Aktivität als eine unverzichtbare Quelle geistiger Produktivität, über die Schönheit des Menschen in der Wirklichkeit und im Bild der Kunst bildeten sich in hohem Maße aus dem Studium von literarischen Werken vor allem von Rousseau, Lessing und Winckelmann sowie aus Anregungen von Oeser, Gellert, Herder und Moritz. Sie alle weckten sein leidenschaftliches Interesse an der Literatur, Geschichte und Mythologie des antiken Griechenland. Goethes Studien der Schriften, vor allem auch von Pindar, führten zu Erkenntnissen, die seine Gedankenwelt und sein literarisches Schaffen nachhaltig beeinflußten. Das wiederspiegelt sich in seiner Dichtung, in „Prometheus", „Pandora", „Iphigenie" und anderen Werken, ebenso wie in seiner Kunstauffassung und auch in seiner Haltung gegenüber den gesellschaftlichen Verhältnissen seiner Zeit und in seiner persönlichen Lebensgestaltung.

Die Grundeinstellung zur Geschichte, Literatur und Kunst der griechischen Antike bildete auch das geistige Plateau für die Gemeinsamkeiten derer, die zum „Weimarer Kreis" zählten, dessen Kern Goethe, Schiller, Herder und Wieland bildeten. Er war von großer Ausstrahlungskraft auf das literarischen Leben und Wirken jener Zeit in ganz Deutschland.

Einfluß der Literatur auf den „Weimarer Kreis"

Es war der Kunstwissenschaftler Johann Joachim Winckelmann, von dem die entscheidenden Impulse zu einer neuen Erschließung des unerschöpflichen kulturellen Erbes des antiken Griechenlands ausging. Seine Schriften, vor allem sein Hauptwerk „Geschichte der Kunst des Altertums" (1755)[1], wurden in ganz Europa begeistert aufgenommen und hatten fortan einen großen Einfluß vornehmlich auch auf die deutsche Kunst und Literatur.

Als Student in Leipzig erfuhr Goethe zum ersten Mal von von den Schriften Winckelmanns, darauf aufmerksam gemacht durch seinen Zeichenlehrer Oeser, der mit diesem freundschaftlich verbunden war. Für Goethe wurde das Kennenlernen der Ansichten des seit 1755 in Italien lebenden Winckelmann, die ein neues Bild der griechischen Antike begründeten, die das Wesen der antiken griechischen Kunst in ihrer „edlen Einfalt und stillen Größe" erschlossen, ein Schlüsselerlebnis. Es gab ihm nicht nur neue Einsichten in die Geschichte und Mythologie, Kunst und Literatur des antiken Griechenland, sondern er glaubte durch sein Studium der Schriften Winckelmanns das

Aus Goethes Bibliothek

Ideal für sein eigenes Menschentum und seine Position als Künstler gefunden zu haben. Wie tief und anhaltend seine Bewunderung für den durch Winckelmann eröffneten Blick auf das griechische Altertum war, ist in „Dichtung und Wahrheit"[2] und nicht zuletzt in seiner 1805 veröffentlichten Schrift „Winckelmann und sein Jahrhundert"[3] nachzuvollziehen.

Es war dann Johann Gottfried Herder, der Goethe schon in ihren ersten Begegnungen in Straßburg geradezu fordernd darauf hinwies, sich mit der Literatur der griechischen Antike vertraut zu machen. Herder artikulierte in seinem bedeutendsten Werk „Ideen zur Philosophie der Geschichte der Menschheit" seine Grundhaltung zur griechischen Körperkultur,

Titelseite der Erstausgabe

die er als vorbildlich pries, da sie auf die harmonische Entwicklung von Körper und Geist wirkte: „So [...] gaben die mancherlei öffentlichen Spiele der griechischen Erziehung eine sehr eigentümliche Richtung, indem sie Leibesübungen zum Hauptstück derselben und die dadurch erlangten Vorzüge zum Augenmerk der ganzen Nation machten. Nie hat ein Zweig schönere Früchte getragen, als der kleine Öl-, Efeu- und Fichtenzweig, der die griechischen Sieger kränzte. Er machte die Jünglinge schön, gesund, munter; ihren Gliedern gab er Gelenkigkeit, Ebenmaß und Wohlstand; in ihrer Seele fachte er die ersten Funken der Liebe für den Ruhm, selbst für den Nachruhm an und prägte ihnen die unzerstörbare Form ein, für ihre Stadt und für ihr Land öffentlich zu leben; [...]".[4]

Und in „Auch eine Philosophie der Geschichte zur Bildung der Menschheit" bewunderte Herder die Schilderungen der griechischen Jugend, deren „edle Pracht des Körpers": Er „steht da, edler Jüngling mit schönen gesalbten Gliedern, Liebling aller Grazien und Liebhaber aller Musen, Sieger in Olympia und all andern Spiele, Geist und Körper zusammen nur eine blühende Blume"![5]

Natürlich war auch Schiller als Historiker ein Kenner der Geschichte der griechischen Antike. Im 15. Brief seiner Schriften „Über die ästhetische Erziehung des Menschen" hob er die olympischen Spiele als erstrebenswertes Ideal gegenüber den Schaukämpfen der Gladiatoren im alten Rom hervor:

Friedrich Schiller

„Man wird niemals irren, wenn man das Schönheitsideal eines Menschen auf dem nämlichen Wege sucht, auf dem er seinen Spieltrieb befriedigt. Wenn sich die griechischen Völkerschaften in den Kampfspielen zu Olympia an den unblutigen Wettkämpfen der Kraft, der Schnelligkeit, der Gelenkigkeit und an dem edlen Wechselstreit der Talente ergötzen, und wenn das römische Volk an dem Todeskampf eines erlegten Gladiators oder libyschen Gegners sich labt, so wird es uns aus diesem einzigen Zuge begreiflich, warum wir die Idealgestalten einer Venus, einer Juno, eines Apolls nicht in Rom, sondern in Griechenland aufsuchen müssen."[6]

An die antiken griechischen Mythologien und Spiele erinnern u. a. auch seine Gedichte „Die Götter Griechenlands" und „Die Kraniche des Ibykus":

„Zum Kampf der Wagen und Gesänge,
Der auf Korinthus' Landesenge
Der Griechen Stämme froh vereint,
Zog Ibykus, der Götterfreund.
Ihm schenkte des Gesanges Gabe,
Der Lieder süßen Mund Apoll,
so wandert' er, an leichtem Stabe."[7]

Und in diesen Zusammenhang gehört auch die Ballade „Hero und Leander":

„Wenn des Tages heller Schimmer
Bleichet, stürzt der kühne Schwimmer
In des Pontus finstre Flut,
Teilt mit starkem Arm die Woge,
Strebend nach dem teuren Strand."[8]

Schauplatz dieser antiken Sage ist der Hellespont, die Meerenge zwischen Europa und Asien, an ihrer engsten Stelle 1350 m breit, auf der griechischen Seite die Stadt Sestos. Zum Fest der Aphrodite ist der Jüngling Leander aus dem kleinasiatischen Ort Asydos dabei. Er verliebt sich in die Griechin Hero, und beide verabreden heimliche Treffen, unauffällig und deshalb nächtlich. Der kräftige Leander schwimmt im abendlichen Dunkel auf die andere Seite der Meerenge nach Sestos und kehrt nach der Liebesnacht im Morgengrauen schwimmend nach Asydos zurück. Das geht einen ganzen Sommer lang gut. Im Herbst jedoch geschieht das Unglück, er ertrinkt in einer Sturmflut. Hero will ihn noch retten, ertrinkt dabei ebenfalls. Diese Geschichte erzählt das Gedicht von Schiller.

Der englische Dichter Lord Byron erfuhr die Sage bei einem Griechenlandbesuch (1810), und er beschloß, den Wahrheitsgehalt der Liebesgeschichte zu prüfen. Das geschah auch aus sportlichem Ehrgeiz, denn er war sehr vielseitig sportlich aktiv und auch deshalb, wie schon geschildert, von Goethe bewundert. Am 3. Mai 1810 erfolgte der Test in Gegenwart eines mitschwimmenden britischen Marineoffiziers. Byron wählte den Rückweg, für den er eine Stunde brauchte. Damit war für ihn bewiesen, daß der junge sportliche Leander diese Strecke zweimal in der Nacht schaffen konnte. Das wurde aber heftig und öffentlich bestritten, was Byron sehr erboste und zu einem ausführlichen gedruckten Dementi provozierte. Die ganze Angelegenheit geriet jedoch in Vergessenheit, nachdem der Dichter kurze Zeit später plötzlich starb.

Diese Sage wurde übrigens von Antipatros schon vor 2000 Jahren in einem Gedicht erzählt, und außer Schiller hat auch Grillparzer die antike Love-Story zum Thema eines Gedichts gemacht. Als Schiller 1795 über seinen Gedankenaustausch mit Goethe in der Zeit ihrer engen Zusammenarbeit in Jena berichtete, erwähnte er ausdrücklich: „Wir haben dieser Tage auch viel über griechische Literatur und Kunst gesprochen [...]"[9]

Goethe nannte die Griechen der Antike *unsere Abgötter,* die *trefflichen Alten,* lobte deren *derbe gesunde Natur* und fand es großartig, *daß die griechischen Götter und Helden nicht auf moralischen, sondern verklärten physischen Eigenschaften ruhen, weshalb sie auch dem Künstler so herrliche Gestalten anbieten.*[10]

Unter dem Einfluß der Werke von Lessing, Winckelmann und Herder, der Diskussionen mit Oeser und Moritz wurde Goethe auch auf das „Dreigestirn" der griechisch-antiken Bildhauerkunst zum Thema Sport aufmerksam, auf jene Werke also von Lyssipos „Der Schaber", Myron „Der Dikobol" und Polyklet „Der Speerträger", die die Größe und den inneren Zusammenhalt der antiken Bildhauerkunst verkörpern. Und er bewunderte auch die Skulptur „Borghesischer Fechter" von Agasias von Ephesus (aus dem 1. Jh. v. u. Z.). Als mit der griechisch-antiken Geschichte vertraut, wußte er auch um der Spiele der Hellenen. Dieses Wissen spricht aus seiner Nachdichtung der Achilles-Sage, die als Fragment „Achilleis" (1799) erhalten ist:

Wo sich nun künftig der Kranz der ruhigen Männer versammelt
Und den Sänger vernimmt, in sicherem Hafen gelandet,
Ruhend auf gehaunem Stein von der Arbeit des Ruders
Und vom schrecklichen Kampf mit unbezwinglichen Wellen;
Auch am heiligen Fest um den herrlichen Tempel gelagert
Zeus' des Olympiers, oder des fernetreffenden Phöbos,

Wenn der rühmliche Preis den glücklichen Siegern erteilt ward:
Immer wird dein Name zuerst von den Lippen des Sängers
Fließen, wenn er voran des Gottes preisend erwähnte.
Allein erhebst du das Herz, als gegenwärtig, und allen
Tapfern verschwindet der Ruhm sich auf dich vereinend.[11]

Goethe war von den „Olympischen Oden" des griechischen Lyrikers Pindar so begeistert, daß er – wie Wilhelm von Humboldt, der die Erste und Vierte Ode, und wie Friedrich Hölderlin, der die Achte Ode übersetzte – die in einer lateinischen Übersetzung vorliegende „Fünfte Olympische Ode" 1774 in die deutsche Sprache übertrug:

Strophe
Hoher Tugenden und
Olympischer Kränze
Süße Blüten empfange,
Tochter des Ozeans,
Mit freudewarmem Herzen,
Sie, unermüdeter Mäuler
Und des Psaumis Belohnung.
Der, deiner Stadt Preis erwerbend,
Bevölkertes Kamarina,
Auf sechs Zwillingsaltären
Verherrlichte die Feste der Götter
Mit stattlichen Rindopfern
Und Wettstreits fünftägigem Kampf
Auf Pferden, Mäulern und Springrossen,
Dir aber siegend
Lieblichen Ruhm bereite,
Da seines Vaters Akrons
Name verkündet ward
Und Deiner, neubewohnte Stätte.

Antistrophe
Und neu herwandelnd
Von des Önomaus
Und des Pelops lieblichen Gründen,
Völkerschützerin Pallas,
Besingt er deinen heiligen Hain,
Des Oanis Fluten,
Des Vaterlandes See
Und die ansehnliche Gänge,

In welchen die Völker
Hipparis tränket;
Schnell dann befestigt er
Wohlgegründeter Häuser
Hocherhabene Gipfel,
Führt aus der Niedrigkeit
Zum Licht rauf sein Bürgervolk.
Immer ringet an der Tugend Seite
Müh und Aufwand
Nach gefahrumhülltem Zwecke.
Und die Glücklichen
Scheinen weise den Menschen.

Epode
Erhalter, wolkenthronender Zeus,
Der du bewohnest Kronions Hügel,
Ehrest des Alpheus breitschwellende Fluten
Und die Idäische heilige Höhle,
Bittend tret ich vor dich
In lydischem Flötengesang,
Flehe, daß du der Stadt
Manneswerten Ruhm befestigst.
Du dann, Olympussieger,
Neptunischer Pferde
Freudmutiger Reiter,
Lebe heiter dein Alter aus,
Rings von Söhnen, o Psaumis, umgeben.
Wem gesunder Reichtum zufloß
Und Besitztumsfülle häufte
Und Ruhmnamen drei erwarb,
wünsche nicht, ein Gott zu sein.[12]

Das Studium und die Übersetzung der antiken Literatur bereicherten den Wortschatz Goethes auch um Begriffe aus der Körperkultur des alten Griechland, die er in deutscher Sprache dann verwendete, so zum Beispiel in seinen gesammelten „Maximen und Reflexionen":

Die Frage, wer höher steht, der Historiker oder der Dichter, darf gar nicht aufgeworfen werden; sie konkurrieren nicht miteinander, so wenig als der Wettläufer und der Faustkämpfer. Jedem gebührt seine eigene Krone.[13]

Die intensive Beschäftigung mit der Geschichte und Mythologie der griechischen Antike bewirkte auch einen allgemeinen Wandel in den bis dahin vorherrschenden Kunstauffassungen, von der Literatur über die Architektur bis zur bildenden Kunst. Die bildkünstlerische Gestaltung des menschlichen Körpers erfuhr signifikante Veränderungen, weil sich Maler und Bildhauer vom Kult der verspielten weiblichen Anmut und Schönheit in der Zeit des Rokoko verabschiedeten und in ihren Werken erstmalig begannen, den nackten, körperlich kräftig und beweglich wirkenden männlichen Körper zu verherrlichen und so Idealbilder zu schaffen. Sie wirkten gewissermaßen objektiv synchron mit den damals einsetzenden Bestrebungen der Reformpädagogen und deren Programmen zur körperlichen Erziehung der Jugend.[14]

Die geistige Beziehung Goethes zur Kunst der griechischen Antike entspricht diesem Wandel in der Kunstästhetik. In seiner Schrift über Winckelmann (1805) postuliert er seine Auffassung in der These: *Das letzte Produkt der sich immer steigernden Natur ist der schöne Mensch, aber es sei nur ein Augenblick, in welchem der schöne Mensch schön sei.*[15] Daher könne der Schönheit des Menschen und seiner Gestalt nur durch Kunstwerke Ausdruck verliehen werden, wie die Figuren der bildenden Kunst der griechischen Antike bewiesen.[16] Goethe hatte solche Schöpfungen griechischer Bildhauer erstmalig 1769 auf der Rückreise von Straßburg beim Besuch des Mannheimer Antikensaales *mit größter Begierde* und voller Bewunderung kennengelernt.[17]

Das Musterbeispiel der Wörlitzer Drehbergspiele als Versuch praktischer Anwendung

Immer auf der Suche nach Beispielen und Vorbildern für die Körpererziehung der Jugend, folgte Goethe, begleitet vom jungen Fritz von Stein, auch gerne der Einladung des Fürsten Leopold III. Friedrich Franz von Anhalt-Dessau, der 1776 erstmalig die Spiele am Drehberg bei Wörlitz veranstaltete.[18]

Goethe kannte den Landesherrn nicht nur von den Wildschweinjagden zu Pferde, an denen er an der Seite seines Herzogs als Gast teilnahm. Schon als Student in Leipzig hatte er vom Wirken des Fürsten Franz und von dessen Wörlitzer Gartenreich gehört. Und seit ihrer ersten Begegnung verbanden sie Gespräche über Kunst, Architektur und Erziehung. Beide waren Verehrer des Johann Joachim Winckelmann, der ihnen durch seine Schriften die geistige Welt und zugleich den Körperkult der griechischen Antike erschlossen hatte. Fürst Franz hatte Winckelmann sogar in Italien besucht und dort unter dessen Einfluß sein universelles ästhetisches Verständnis der antiken griechischen Kultur

Goethe im Gespräch mit Fritz von Stein

und des Körperkults der Griechen beträchtlich vertieft.¹⁹

Als Initiator der Drehbergspiele im Wörlitzer Gartenreich hatte er das Jahr 1776 bewußt gewählt, um eine Assoziation zum Jahre 776 (v. u. Z) zu schaffen, also zum Jahr der ersten Olympischen Spiele. So sollte eine geistige Brücke vom Volksfest in seinem Fürstentum in der Neuzeit zum Nationalfest der Griechen im Altertum geschlagen werden. Sein Konzept dieser Drehbergspiele folgte in seinen Zielen, Inhalten und Formen ganz bewußt dem Vorbild der antiken Spiele. Im Mittelpunkt standen vielfältige Wettkämpfe zwischen Mannschaften der Orte des Fürstentum, es gab Siegerehrungen und -listen, Spiele und Tänze, und es kamen viele Gäste auch aus anderen Ländern. Auch die Anlagen und Bauten wiesen auf das antike Vorbild hin, denn der Begründer des Klassizismus in der deutschen Architektur, der Dessauer Hofbaumeister Friedrich Wilhelm von Erdmannsdorff, hatte den Saal des Kuppelbaus im Zentrum der Anlagen mit Wandmalereien gestalten lassen, die sportliche Motive aus der griechischen Antike darstellten. Es war alles so beeindruckend, daß GutsMuths in den Wörlitzer Drehbergspielen die „Olympischen Spiele gleichsam wiederaufleben" sah, wie er begeistert schrieb.²⁰

Friedrich Hölderlin

Goethe folgte diesem Urteil nicht unbedingt. Aber daß sie den Rang eines Nationalfestes nach dem Vorbild des alten Griechenlands noch nicht erreichten, wie er es – gleich GutsMuths, Herder, Schiller, Hölderlin u. a. zu jener Zeit – herbeisehnte, mag auch er bedauert haben. Friedrich Hölderlin, der leidenschaftliche Verehrer der griechischen Kultur, hatte diesen sehnlichen Wunsch in seiner Ode „Gesang des Deutschen" (1799) zum Ausdruck gebracht: „Wo ist dein Delos, wo dein Olympia, Daß wir uns alle finden am höchsten Fest?"²¹ Vielleicht vermißte Goethe auch den pädagogischen Aspekt bei diesem Fest in Wörlitz, denn der war ihm für die Körpererziehung ein wesentliches, unverzichtbares Element, das er – bei all ihren Unterschieden – im theoretischen und praktischen Wirken der Reformer der Körpererziehung, GutsMuths, Basedow und Vieth und auch bei Jahn, gewährleistet fand.

11.
Die deutsche „Turnerei wertgehalten"

Die Sorge Goethes um eine sinnvolle geistige und körperliche Ausbildung der Kinder und Jugendlichen hatte ernst zunehmende Gründe. Wie die damalige Situation tatsächlich zu beurteilen war, schilderte er am 12. März 1828 in einer ganz alltäglichen Beobachtung:

> *Ich brauche nur in unserem lieben Weimar zum Fenster hinaus zu sehen, um gewahr zu werden, wie es bei uns steht. – Als neulich der Schnee lag und meine Nachbarskinder ihre kleinen Schlitten auf der Straße probieren wollten, sogleich war ein Polizeidiener nahe, und ich sah die armen Dingerchen fliehen, so schnell sie konnten. [...] Es darf kein Bube mit der Peitsche knallen, oder singen, oder rufen, sogleich ist die Polizei da, es ihm zu verbieten. Es geht bei uns alles dahin, die liebe Jugend frühzeitig zahm zu machen und alle Natur, alle Originalität und alle Wildheit auszutreiben, so daß am Ende nichts übrigbleibt als der Philister.*[1]

Goethe vertrat den Grundsatz, den er in „Hermann und Dorothea" (1797) in die Worte kleidete, daß man die Kinder solle „lieben, sie erziehen aufs beste und jeglichen lassen gewähren, denn der eine hat die, die anderen jene Gaben. Jeder braucht sie, und jeder ist doch nur auf eigene Weise gut und glücklich".[2] Und in diesem Sinne bemühte er sich auch

Die Kinder des Herzogs Carl August   *Christiane Vulpius mit Sohn August*

persönlich um die geistige und körperliche Erziehung seines Sohnes August, der herzoglichen Prinzen Carl Friedrich und Carl Bernhard sowie der Söhne Karl und Fritz der Frau von Stein. In seinen Erinnerungen schilderte Karl von Stein die Art und Weise, wie Goethe mit den Kindern umzugehen verstand: „Ich war sehr eingenommen von Goethe. Das lag wohl an seinem unterhaltenden geselligen Wesen gegen mich und meine Brüder. Er nahm uns mit in sein neues Gartenhaus, wo wir Eierkuchen buken; außerdem kamen durch ihn gymnastische Übungen in Schwung, woran man früher in höheren Zirkeln nicht anders gedacht hatte als unschickliche Beschäftigungen. Wir lernten Schlittschuh laufen, auf Stelzen gehen, baden, schwimmen; ja der Herzog ließ sogar mir und meinen Brüdern ein Seil zum Seiltanzen, etwa fünf Fuß über dem Erdboden, spannen."[3]

Goethe setzte sich dafür ein, daß in Weimar körperliche Übungen zur leiblichen und seelischen Ertüchtigung von Kindern und Jugendlichen eingeführt wurden. Dazu zählten vor allem das Wandern, das Schwimmen, das Eislaufen und das Turnen. Er kümmerte sich 1778 persönlich um die Versuche mit dem Schwimmen in der Ilm. Seine Bemühungen zielten nicht zuletzt ganz direkt gegen die Verweichlichung in der Erziehung der Kinder der Hofgesellschaft.[4]

Vorstellungen von der Körpererziehung der Jugend

Das Urteil über den allgemeinen Zustand der Körpererziehung der Jugend, das Goethe auch in vielen anderen Äußerungen fällte, resultierte aus seiner Vorstellungswelt vom Wert einer allgemeinen körperlichen und geistigen Erziehung und Bildung, die sich bei ihm aus dem Studium von Schriften der Antike und Renaissance ebenso formte wie aus den Werken von Rousseau, den Begegnungen mit den Ansichten von Klopstock und den Vorlesungen Gellerts. Bildung eines Menschen bedeutete für Goethe Formung seines geistigen, sittlichen und auch körperlichen Seins, eines ungeteilten Menschen, also eines Individuums in der ursprünglichen lateinischen Bedeutung dieses Begriffs. Ungeformtes solle geformt werden, vergleichbar mit dem Umgang eines Bildhauers mit dem rohen Stein, aus dem er eine Figur formt. Aber: Sinn- und wirkungsvolle Bildung entstehe nur, wenn sie zur Selbstbildung, zur Selbstformumg des Menschen führe. Dieses Modell schilderte Goethe vor allem in der „Pädagogischen Provinz" („Wilhelm Meisters Wanderjahre", Zweites Buch). Und in ihm nimmt die körperliche Bildung einen absolut ebenbürtigen Platz neben der geistigen, sittlichen und geschmacklichen Bildung und Selbstbildung ein. Seine Erziehungsidee verbindet die Förderung der individuellen Entwicklung mit der Befähigung, als ein tätiges Glied in der Gemeinschaft zu wirken.

Im Verständnis Goethes war körperliche Bildung keineswegs auf Muskeltraining reduziert, sondern sie sollte persönlichkeitsbildend im weitesten Sinne sein. So läßt er seinen

Der Garten hinter Goethes Haus am Frauenplan

Wilhelm berichten: *Ich habe [...] durch Leibesübungen viel gewonnen; ich habe viel von meiner gewöhnlichen Verlegenheit abgelegt und stelle mich so ziemlich dar.*[5]

Goethe verstand unter körperlicher Bildung nicht nur die Ausbildung im Reiten, Fechten, Schwimmen und Tanzen, sondern ebenso die körperliche Betätigung im Handwerk, im Gartenbau und in der Landwirtschaft. Darauf verweist er nachdrücklich in seinen literarischen Werken, so im 1. Akt des „Faust II":

Nimm Hack und Spaten, grabe selber,
Die Bauernarbeit macht dich groß,
Und eine Herde goldner Kälber,
Sie reißen sich vom Boden los.[6]

Und selbst Mephisto läßt er einen guten Rat für Gesundheit und langes Leben durch körperlich aktive Tätigkeit erteilen, dem – trotz ironisierender Absicht – ein gewisser Wahrheitsgehalt und Erfahrungswert nicht abzusprechen ist:

Gut! ein Mittel, ohne Geld
Und Arzt und Zauberei zu haben:
Begib dich gleich hinaus aufs Feld,
Fang an zu hacken und zu graben,
Erhalte dich und deinen Sinn
In einem ganz beschränkten Kreise,
Ernähre dich mit ungemischter Speise,
Leb mit dem Vieh als Vieh, und acht' es nicht für Raub,
Den Acker, den du erntest, selbst zu düngen;
Das ist das beste Mittel, glaub,
Auf achtzig Jahr' dich zu verjüngen![7]

Goethes Ratschläge waren keine abstrakten Erfindungen, und sie wider spiegeln auch nicht nur Beobachtungen. Er leitete sie auch aus persönlich gewonnenen Erfahrungen ab. Als durchaus praktischer Mensch beteiligte er sich beispielsweise nicht nur an Diskussionen in der Hofgesellschaft über die Verschönerung der Residenzstadt Weimar durch Garten- und Parkanlagen, die er nach seiner Ankunft 1776 erlebte. Er packte mit an und gab durch Einreißen der Mauer um den „Welschen Garten" ein Zeichen, daß dieser nicht nur neu gestaltet werde, und zwar nach dem von ihm als Märchen bewunderten Vorbild der Wörlitzer Parkanlagen, sondern von nun an auch von jedermann besucht werden könne. Er fertigte nicht nur Zeichnungen für die Gestaltung der Anlagen, war nicht nur Bauleiter bei der Rekonstruktion der Gebäude, sondern er arbeitete *bis in die Nacht* gemeinsam mit Gärtnern an der praktischen Realisierung der Umgestaltungspläne.[8]

Wertschätzung des Wirkens der pädagogischen Reformer

Johann Heinrich Pestalozzi

Goethe gestaltete sein Leben nach dem Grundprinzip der Selbstbildung. Dieser Weg erschien ihm generell für die Reformation der Erziehung und Bildung der Jugend von Bedeutung. Deshalb sah er sich *überall um, wo große Bestrebungen sich hervortaten und andauernd wirkten.*[9] Und er fand Persönlichkeiten, deren Ideen und Programmen er überzeugt zustimmte. Er korrespondierte mit dem Schweizer Schulreformer Pestalozzi, dessen pädagogisches Konzept die Überwindung der geistigen, seelischen und körperlichen Verkrüppelung der Kinder anstrebte. Und er debattierte mit dem Philosophen Fichte in Jena über dessen Konzept der Nationalerziehung, in dem die körperliche Erziehung einen wichtigen Platz einnahm.

Denn: Sie müsse erreichen, daß „dabei Gesundheit und Schönheit des Körpers und die Kraft des Geistes nicht nur nicht gefährdet, sondern sogar gestärkt und erhöht" werden, sie müsse auf den ganzen Menschen zielen.[10] Goethe befand sich auch in Übereinstimmung mit dem Philosophen Hegel, der die Auffassung vertrat, daß die „menschliche Gestalt [...] die Leiblichkeit [...] des Geistes" sei. Der „menschliche Körper" bleibe „keine bloße Naturexistenz, sondern habe sich in seiner Gestalt und Struktur gleichfalls als das sinnliche und natürliche Dasein seines Geistes kundzugeben".[11] Auch die Zielstellung des pädagogischen Programms Wilhelm von Humboldts, die Ausbildung des Individuums nach dem Ideal eines umfassend gebildeten Menschen als Aufgabe des Staates bei Sicherung der persönlichen Freiheit des Individuums, fand Goethes volle Zustimmung.

Georg Wilhelm Friedrich Hegel

Und Goethe hörte von der Erziehungsanstalt im thüringischen Schnepfenthal. Das theoretische und praktische Wirken ihres Leiters Christoph Gotthilf Salzmann, eines Hauptvertreters des Philantropismus, und des Lehrers Johann Christoph Friedrich GutsMuths, des Begründers der neuzeitlichen Körpererziehung als untrennbaren Bestandteils der Gesamterziehung, hatte Aufmerksamkeit erregt. Beide lernte Goethe bei seinen Besuchen 1786 und 1801 persönlich kennen und schätzen, denn er war tief beeindruckt von ihren Ansichten, von den Anlagen für die praktische Ausbildung und von den Vorführungen der Schüler. Für ihn war das Lehrsystem dieser Reformer eine „Pädagogische Provinz", die Modell für „Wilhelm Meisters Wanderjahre" (1829) stand. Die Schnepfenthaler Pädagogen vertraten das Prinzip der ganzheitlichen, geistig und körperlich harmonischen Erziehung der Kinder und Jugendlichen. Salzmann begründete sein pädagogisches Re-

Ansicht von Schnepfenthal

Christian Gotthilf Salzmann

formkonzept in einer Reihe von Schriften, über die Erziehung der Kinder unter anderem in seinem „Krebsbüchlein" (1780), aber auch über die Erziehung der Erzieher in seinem „Ameisenbüchlein" (1806), denn darin sah er eine entscheidende Voraussetzung für das Gelingen seines Programms.

Ganz ohne Zweifel war die Wertschätzung, die Goethe dem Schnepfenthaler Pädagogen GutsMuths entgegenbrachte, auch begründet in dessen Beziehung zur antiken griechischen Körperkultur. GutsMuths hatte in der überlieferten altgriechischen Literatur die Beschreibungen der Gymnastik, begeistert und bewundernd, gründlich studiert. Sie war für ihn das leuchtende Beispiel, dem er mit seinen Schriften und mit seinem Programm in der thüringischen Lehranstalt zu folgen erfolgreich bemüht war. Zum Ziel seiner Gymnastik er-

Johann Christoph Friedrich GutsMuths

Titelkupfer der Erstausgabe „Gymnastik für die Jugend" von 1793

klärte er die „Gründung einer innigen Harmonie zwischen Geist und Leib".¹² „Wenn das Physische und Geistige im Menschen nur Eins macht; wenn beyder Schicksale unzertrennlich zusammenhängen, wenn ihre Bildung nur unzertrennt stattfinden kann: so muß beyder Bildung immer in voller Harmonie Hand in Hand gehn."¹³ Das war ganz im Sinne von Goethes pädagogischen Vorstellungen: *Geist und Körper müssen bei jeder Bemühung gleichen Schritt gehen.*¹⁴ Für GutsMuths war dies der Kern seines Strebens als Reformpädagoge, das er vor allem in seinem Hauptwerk „Gymnastik für die Jugend" (1793) anschaulich und überzeugend begründete.

Neben der gymnastischen Körpererziehung zu Kraft, Ausdauer und Gewandtheit und den „Spielen zur Übung und Erholung des Körpers und Geistes", wie der Titel eines weiteren Buches von GutsMuths (1796) lautete, wurden die Schnepfenthaler Zöglinge – gleichfalls mit den Vorstellungen Goethes übereinstimmend – auch in „Handarbeiten" (wie Gärtnerei, Tischlerei, Buchbinderei und anderen Handwerken) ausgebildet.

Goethe machte während einer – schon erwähnten – Rheinreise auch Bekanntschaft mit Johann Bernhard Basedow, nachdem er schon dessen Schriften gelesen hatte, darunter das „Elementarwerk" (1774) mit 100 Kupferstichen vor allem von Daniel Chodowiecki, den Goethe sehr schätzte. Bei den drei Besuchen der Dessauer Anstalt, des 1774 gegründeten Philantropins, informierte sich Goethe über die Praxis der Ausbildung der Zöglinge. Das Konzept des Freigeistes Basedow für das Philantropin atmete den Geist der Aufklärung und strebte unter dem Einfluß von Rousseau die menschenfreundliche Erziehung durch Vernunft an. Geregelte Körperübungen waren fester Bestandteil des Erziehungsprogramms, von volkstümlichen Übungen bis zum „Dessauer Fünfkampf", geleitet von Pädagogen, die man als die ersten deutschen Schul-Turnlehrer bezeichnen kann. Aber Goethes Begeisterung hielt sich in Grenzen, denn er vermißte im Vergleich mit seinen Eindrücken von Schnepfenthal hier das Element der jugendlichen Selbsterziehung und den praktischen Nützlichkeitsaspekt der Ausbildung. Während dort das Motto „Gymnastik ist Arbeit im Gewande jugendlicher Freude"[15] die Körpererziehung charakterisierte, überwogen in der Dessauer Anstalt strenge Reglements für den Unterricht, und es fehlte dem pädagogischen Programm die Konzentration auf das Wesentliche der Wissensvermittlung. Zweifel am Konzept Basedows und Unstimmigkeiten zwischen den Lehrkräften hielten auch nach dessen frühem Ausscheiden an, so daß das Philanthropin schon 1793 geschlossen wurde.

Am 3. Mai 1816 fand Johann Wolfgang Goethe in seiner Post ein Buch mit dem Begleitbrief des Autors. Es war „Die deutsche Turnkunst" von Friedrich Ludwig Jahn. Goethe las das Buch und den Brief, gab aber auf beides nie eine direkte Antwort. Seine Zurückhaltung war keineswegs daraus zu erklären, daß er etwa gegen die Turnbewegung, die durch das rastlose Wirken von Jahn zur Volksbewegung anwuchs, gewesen sei. Das genaue Gegenteil war der Fall. Denn Goethe hatte im wahrsten Sinne des Wortes am eigenen Leib erfahren, wie verhängnisvoll sich die absolute Abstinenz von jeglicher körperlichen Bewegung auf seine Gesundheit und sein Wohlbefinden in der Kindheit und frühen Jugend ausgewirkt hatte, aber auch wie sehr seine Lebensfreude, sein Selbstbewußtsein und seine geistige Produktivität wuchsen, seit er diese Vernachlässigung durch vielseitige körper-

Modell des Philantropins

liche Aktivitäten überwand. Und in seiner Sorge um die körperliche Gesundheit und Leistungsfähigkeit der Jugend verfolgte er natürlich auch das praktische Wirken von Friedrich Ludwig Jahn, und zwar mit Achtung vor seiner Leistung und seiner Redlichkeit.

Mehrfach besuchte Goethe die Einrichtung die Jahnschen Turnplätze in Jena und Eisenach und war sehr beeindruckt vom munteren Treiben der Turner, denn hier sah er eine selbstbewußte, gesunde Jugend heranwachsen, gebildet an Körper, Geist und Charakter. Hier wurde anschaulich das Ziel Jahns demonstriert, die verlorengegangene Gleichmäßigkeit der menschlichen Bildung wiederherzustellen. Als oberster Dienstherr aller Kunst- und Wissenschaftseinrichtungen des Großherzogtums gab es deshalb von seiner Seite auch keine Einwände, als die Philosophische Fakultät der Universität Jena dem in der Stadt und besonders bei der Jugend sehr beliebten Jahn die Ehrendoktorwürde verlieh.

Friedrich Ludwig Jahn

Warum Goethe sich dennoch persönlich so reserviert gegenüber Jahn verhielt, sich nicht ausdrücklich zu seinen Gründen äußerte, sondern diese nur indirekt durchblicken ließ, liegt vermutlich außerhalb dieser Anstrengungen und Leistungen Jahns als „Turnvater". Eher störten ihn wohl die aufdringlich-unterwürfigen Schmeicheleien in dem besagten Brief, wie: „Auf meinen Wanderungen durch Weimar habe ich mich begnügt, Sie von ferne zu sehen, weil ich es für unheilig halte als Gaffer große Männer zu überlaufen, und für frevelhafte Augenblicke zu verkümmern, die der Muse und der Muße gehören."[16] Zum anderen war ihm jede Art von Purismus zuwider. In einem epigrammatischen Distichon „Der Purist" fand das seinen Ausdruck: *Sinnreich bist du, die Sprache von fremden Wörtern zu säubern; Nun, so sage doch, Freund, wie man Pedant uns verdeutscht.*[17] Das konnte durchaus auch auf die Deutschtümelei in den Bemühungen Jahns um eine Reform der deutschen Sprache gemünzt sein. Und schließlich verfolgte er den rigorosen Patriotismus Jahns mit Unbehagen. Vielleicht verübelte Goethe auch zu diesem Zeitpunkt immer noch dessen aggressive patriotische Appelle zum Krieg gegen die Franzosen und speziell gegen Napoleon, den er selbst bewundert hatte und auch nach der Leipziger Völkerschlacht nicht gleich in Bausch und Bogen verurteilen wollte. Und da war noch eine Stelle im Brief Jahns: „Die Zeitgenossen haben sich durch Ihre Schriften als Deutsche miteinander verständigt." So etwas mußte er als eine Reduzierung seines Wirkens auf enge patriotische Aspekte empfinden, und das verstimmte ihn. Denn er war Europäer aus Überzeugung, war Weltbürger,

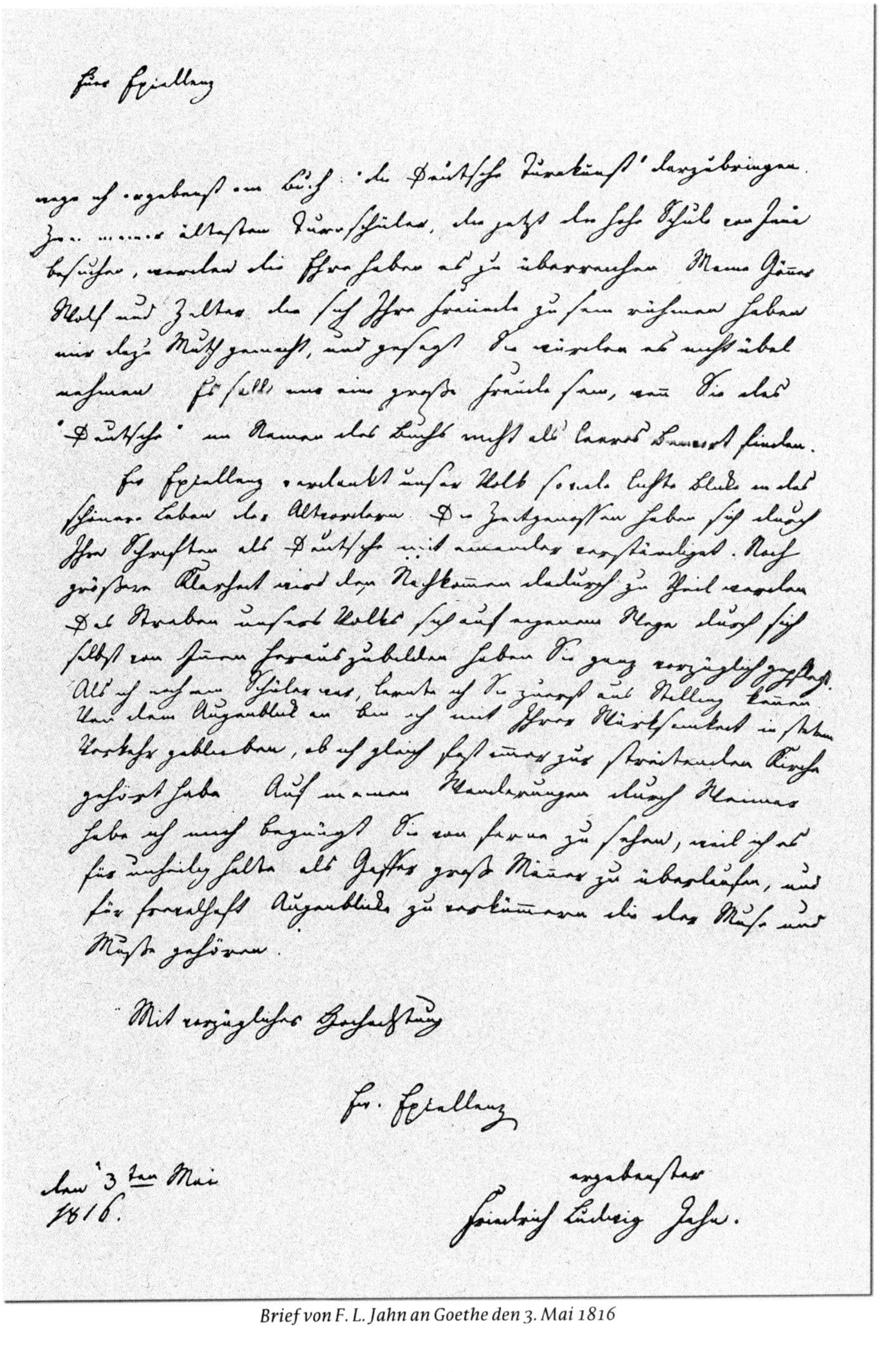

Brief von F. L. Jahn an Goethe den 3. Mai 1816

ganz im Sinne von Kant, wonach menschlich sein auch menschheitlich sein bedeute und jeder Mensch als Weltbürger, unbeschadet seines Patriotismus, auch Weltgeschehen verfolgen und beurteilen und Offenheit für andere Kulturen wahren müsse. Deshalb wollte er sich durch die deutsche Turnbewegung und durch ihren damals führenden Repräsentanten nicht für eine eingegrenzte politische Richtung vereinnahmt wissen.

Dennoch hielt ihn seine offensichtliche Reserviertheit gegenüber der Person Friedrich Ludwig Jahns nicht davon ab, die Turnbewegung selbst sehr positiv zu würdigen. So sagte er nach einem seiner Besuche des Jenenser Turnplatzes: *Die Turnerei halte ich wert, denn sie stärkt und erfrischt nicht nur den jugendlichen Körper, sondern ermutigt und kräftigt auch Seele und Geist gegen Verweichlichung.*[18] Da die deutsche Turnbewegung jedoch auch politische Zielsetzungen wie Kampf für einen deutschen Nationalstaat, Kritik an Krone und Altar sowie Verachtung des Kastengeistes und Standesdünkels in der damaligen Gesellschaft verfolgte, wurde sie im Geiste der reaktionären Beschlüsse des Wiener Kongresses 1819 verboten. Jahn wurde als „Demagoge" verurteilt und mußte eine langjährige Haft verbüßen. Erst 1825 wurde sein Freispruch entschieden, die Turnsperre hielt allerdings bis 1840 an. Goethe äußerte sich in einem langen Gespräch mit Eckermann am 1. Mai 1825 über das Bogenschießen eindeutig zu den Folgen des politischen Verbots der deutschen Turnbewegung:

[...] Ich bin den deutschen Turnübungen durchaus nicht abgeneigt, [...] ich hoffe, daß man die Turnanstalten wiederherstelle, denn unsere deutsche Jugend bedarf es, besonders die studierende, der bei dem vielen geistigen und gelehrten Treiben alles körperliche Gleichgewicht fehlt und somit jede nötige Tatkraft zugleich.[19]

Und das waren nicht nur Worte, sondern seine Auffassungen verbanden sich mit Taten. So förderte er die Einstellung von Turnlehrern ebenso wie die Ausstattung von Turnplätzen. Der erste deutsche Hochschul-Turnplatz am Saale-Ufer in Jena, das „Paradies", war nicht nur häufiges Ziel seiner Spaziergänge, sondern er führte auch gerne Besucher des Großherzogtums zu dieser Sportstätte, um deren Anlagen und die Übungen der Turner vorzustellen und als vorbildlich zu preisen. So beispielsweise, als er einem jungen Turner zusah: *Ich bin erstaunt! Einer Weidengerte gleicht der junge Mann.*[20]

Er nutzte auch seinen Einfluß auf den Großherzog Carl August und den Erbprinzen Carl Friedrich, um sie für den Wert des Turnens zu interessieren. Ganz persönlich bedauerte er, sich selbst nicht mehr im Turnen üben zu können, denn dazu sei er nicht mehr jung genug. Daß Goethe durch Reiseberichte auch über die Entwicklung in anderen Ländern informiert war, kann als gesichert angesehen werden. Und dazu gehörten die Anfänge des modernen Sports in England. So findet sich in einem seiner Altersgedichte („Sprüche") die Zeile *Zwei Gegner sind es, die sich boxen.* Als einer der ersten hatte er dieses aus England stammende Wort in die dichterische Sprache der deutschen Literatur übernommen.[21] Das besagt aber nicht, daß Goethe diese Sportbegriffe etwa auf Übungen, Wettkämpfe und

Carl Friedrich Erbprinz von Sachsen-Weimar

Spiele beispielsweise der Turnbewegung in Deutschland gebraucht hätte oder gar auf seine körperlichen Aktivitäten als Wanderer, Reiter, Bergsteiger, Schwimmer oder Schlittschuhläufer.

Beeindruckt von den Konzepten und dem praktischen Wirken der pädagogischen Reformer GutsMuths und Basedow und ihrer Mitstreiter, unbeeinflußt auch von seiner persönlichen Reserviertheit gegenüber Jahn, hat Goethe seine Möglichkeiten genutzt, auf dem seinerzeit in maßgeblichen Kreisen der Gesellschaft mehr oder weniger als Nebenfeld wahrgenommenen Gebiet der Körpererziehung der Jugend fördernd zu wirken. Das war ein wertvoller Beitrag im Vorfeld des Aufbruchs in das Zeitalter des modernen Sports auch in Deutschland.[22]

12.
Goethes Menschenbild und die Nachwelt – Feststellungen, Fragen ...

Das Ideal einer Harmonie von Geist und Körper in der Wirklichkeit des Lebens Goethes und in seiner Dichtung rückbetrachtend darzustellen wirft Fragen auf: Ist das Erbe Goethes über haupt noch „modern" und somit präsent im allgemeinen Bewußtsein, und zwar als ein unverzichtbares Gut der deutschen Nationalkultur und der Weltkultur, als ein Grundstein des Werteverständnisses vom humanistischen Menschenbild? Oder vegetiert es – mehr oder weniger beachtet – in Bücherregalen, Archiven und Galerien? Findet es als Thema der Allgemeinbildung noch Aufmerksamkeit und Achtung, oder ist es fast nur noch Gegenstand wissenschaftlicher Forschung in Instituten der Philologie oder Stoff künstlerischer Gestaltung in Stätten der Kunst? Hat es noch Chancen einer Belebung im gesellschaftlichen Bewußtsein der Gegenwart und Zukunft?

Erste Brüche und neue Ansätze

Seit seinem Tod, eigentlich schon in den beiden letzten Jahrzehnten seines Lebens, gab es Brüche im Verhältnis zu Goethes Erbe. Es trat ein, was er ahnungsvoll an Zelter geschrieben hatte: *Laß uns soviel als möglich an der Gesinnung halten in der wir herankamen: wir werden, mit vielleicht noch wenigen, die Letzten seyn einer Epoche die sobald nicht wiederkehrt.*[1]

In der Tat fand eine ganze Epoche ein Ende, in der Goethe und der Kreis seiner Gleichgesinnten ein Kraftfeld bildeten, das auf das Geistesleben von Generationen ausstrahlte. Nach den Beschlüssen des Wiener Kongresses 1815 und forciert durch die Julirevolution in Frankreich 1830, begann jedoch eine Zeit der Restauration der gesellschaftlichen Verhältnisse im Sinne konservativer Kräfte, die die Oberhand auf nahezu allen Gebieten erlangten. Das von Goethe im Bunde mit Dichtern und Philosophen in der geistigen Bewegung der Aufklärung, der Sturm-und-Drang-Periode und des klassischen Realismus begründete humanistische Menschen- und Gesellschaftsbild, das Ideal von der ausgeprägten menschlichen Individualität in ihrer Harmonie von Körper und Geist als dessen Kernstück waren im öffentlichen Bewußtsein kaum noch gegenwärtig. Die Veränderungen in den politischen und sozial-ökonomischen Verhältnissen in der Nach-Goethe-Zeit verlangten hingegen vor allem einseitige Spezialisierung, variable Verwendbarkeit und Bereitschaft zur Unterordnung nach dem Bedarf der expandierenden kapitalistischen Wirtschaft. Die deutschen Zustände dieser Zeit wurden zwar von nicht wenigen Dichtern und Wissenschaftlern kritisiert und beklagt, aber von ganz unterschiedlichen Positionen und Perspektiven aus, oft rein pessimistisch oder illusionär, letztendlich rat- und hilflos und dadurch ohne nennenswerten Einfluß auf die gesellschaftliche Realität.

Aber es gab dann immer wieder Zeichen und Zeiten einer Belebung der Pflege des Erbes von Goethe. Sie äußerten sich auch in einer Besinnung auf seine Idealvorstellung von der Harmonie von Geist und Körper. So bemühte sich die von Jahn begründete deutsche Turnbewegung, die nach den Jahren ihres Verbots von 1819 bis 1840 erfreulicherweise einen neuen Aufschwung in ständig wachsenden Vereinsbildungen erreichte, um die Verwirklichung neuer Erziehungs- und Bildungsziele für ihre Mitglieder. Es war vor allem einer der Reformer der deutschen Körpererziehung, Gerhard Ulrich Anton Vieth, der mit seinen exzellenten Werken zur Geschichte und Methodik der Leibesübungen einen bedeutenden Anteil für das Fundament der Wissenschaft auf diesem Gebiet einbrachte und der den Zusammenhang zwischen der Körperkultur und der Gesamtkultur betonte. Aber diese Ansätze erfuhren in der Folgezeit keine nennenswerte Weiterentwicklung.

Wesentlich kräftiger und nachhaltiger wirkten jene Impulse, die gegen Ende des 19. Jahrhunderts den Weg in eine neue Ära der Sportbewegung in der ganzen Welt öffneten. Ausgelöst wurde sie durch den französischen Baron Pierre de Coubertin, der, dem wiederentdeckten Vorbild der Körperkultur des antiken Griechenlands mit ihren Spielen und Wettkämpfen folgend, die Olympischen Spiele der Neuzeit ins Leben rief. Er gab ihnen nicht nur den Namen der bekanntesten der griechischen Spiele, sondern bezog sich auch auf deren Geist und orientierte sein Konzept an ihrem Inhalt und ihren Formen. Er strebte danach, die modernen Olympischen Spiele im Sinne der antiken Idee von der Eurhythmie zu gestalten. Dieses Prinzip bedeutete für ihn nicht nur Gleichmaß der Bewegungen, sondern Ebenmaß der Lebens- und Ausdrucksformen als erstrebenswertes Ziel der Menschenbildung und -erziehung. Seine Bemühungen, den Sport mit der Kunst als „Hochzeit von Muskel und Geist" zu verbinden, waren sein Credo von der Harmonie von Geist und Körper im modernen Sport.[2] Die Auffassungen Coubertins umfaßten auch ein System ethischer Wertvorstellungen für Sportler, wie das Streben um das relativ Beste für sich selbst, die Freude an der persönlichen Anstrengung, den Respekt und die Achtung gegenüber anderen, das Fair Play und die Entwicklung als Individuum in Harmonie von Körper und Geist, Physis und Psyche. Ganz ohne Zweifel vertrat Coubertin Werte, die dem Ideal Goethes von der ungeteilten Individualität des Menschen sehr nahestanden.

Was die Geisteswissenschaften, die Erziehung und Bildung und die Kunst anbelangt, so wurde über Jahrzehnte des 19. Jahrhunderts bis zur Mitte des 20. Jahrhunderts Goethes Menschenbild selbstredend auch Gegenstand wissenschaftlicher Analysen, kontroverser Dispute und zahlreicher Publikationen. Aber sein Ideal der Harmonie von Geist und Körper wurde für die Aufnahme in das öffentliche Bewußtsein nicht so ausdrücklich postuliert, daß es als geistiges Allgemeingut angenommen wurde. Mag sein, daß es im Fortgang der gesellschaftlichen Entwicklung möglicherweise zunehmend als antiquiert erschien. Sicher ist aber, daß Goethes humanistisches Erbe in bestimmten historischen Perioden, die von nationalistischen und chauvinistischen Bestrebungen, von der Vorbereitung auf Kriege und deren Folgen gekennzeichnet wurden, eher als störend behandelt oder auch mißbräuchlich ausgenutzt wurde. Zudem wurde der Zugang zu Goethes Menschen- und Gesellschaftsbild jahrzehntelang eingeengt, weil der Kult seiner Vergötterung und schier endlose philologische Beckmessereien im Umgang mit seinem Erbe dominierten. Ohne Zweifel waren stets und sind bis heute Literaturwissenschaftler in Forschung und Lehre um die Erschließung des Erbes von Goethe bemüht. Und in den Lehrplänen für den Deutschunterricht zählt die Beschäftigung der Schüler mit den wichtigsten Gedichten, Dramen und Romanen Goethes immer noch zu den gesicherten Positionen des Allgemeinbildungsgutes. Auch Verlage, Einrichtungen der Kunst und Medien, wie Museen, Theater, Film und Fernsehen, trugen und tragen, oft sehr beachtlich, zur Erbepflege bei. Seit Beginn des Zeitalters der „technischen Reproduzierbarkeit der Kunst"[3] wurden immer wieder neue Formen und Mittel der Distribution und Rezeption von Kunst und Literatur kreiert, und auch die Pflege des Goethe-Erbes partizipierte daran. Allerdings führten Goethe-Jubiläen wie 1932, 1949 und besonders 1999 diese Möglichkeiten bis zu einer solchen Art von Überstrapazierung, daß dies potentielle Rezipienten eher auf Distanz zum Werk und zum Wirken Goethes brachte anstatt zur Annäherung.

Widersprüche und Hoffnungen in der Realität der gegenwärtigen Gesellschaft

Die Schwierigkeiten der gegenwärtigen Gesellschaft im Umgang mit dem Erbe Goethes, und speziell mit seinem Menschenbild vom geistig-körperlich ungeteilten Individuum, sind in ihren Ursachen wie in ihren Erscheinungsbildern nahezu unüberschaubar. Ganz allgemein sind sie natürlich aus den vollständig anders gestalteten gesellschaftlichen Verhältnissen im Vergleich mit dem Zeitalter Goethes vor über zwei Jahrhunderten zu erklären. Die politische, ökonomische, soziale und technisch-wissenschaftliche Entwicklung seither veränderte zwangsläufig und entschieden auch die Ziele, Inhalte, Formen und Bedingungen der Bildung und der Lebensweise. Diese neuen konkret-historischen gesellschaftlichen Verhältnisse führten zu einer Differenzierung des Stellenwerts einer ganzheitlichen geistig-körperlichen Entwicklung des Individuums. Die Motivierung für dieses Ideal und für dessen Realisierung wurde mehr oder weniger praktischen individuellen Bemühungen überlassen und weniger von einem für die ganze Gesellschaft theoretisch dargestellten Ideal des Menschenbildes bestimmt. Es ist wohl zutreffend, wie Ortega y Gasset von seinem aufklärerisch-liberalen Standpunkt aus die Situation schon vor Jahrzehnten charakterisierte: „Es gibt kein alleiniges und allgemeines Vorbild, dem die wirklichen Dinge sich anschließen."[4]

Fragen drängen sich auf: Wie verhält es sich denn nun damit in Deutschland zu Beginn des neuen Jahrhunderts und Jahrtausends? Wie ist es um einen durch die Gesellschaft anerkannten Kanon humanistischer Werte bestellt? Wirken die im Grundgesetz der Bundesrepublik Deutschland postulierten Wertvorstellungen – etwa wie ein kategorischer Imperativ im Sinne von Kant – als allgemein verbindliche Handlungsorientierung der Gesellschaft? In jüngster Zeit wird immer häufiger beklagt, daß sich in Deutschland ein tiefgehender Wertewandel vollziehe, daß ein zunehmender Werteverlust festgestellt werden müsse. Und vor allem, daß diesem alarmierendem Vorgang nicht hinreichend gegengesteuert werde.[5]

Solche kritischen Diagnosen der gesellschaftlichen Situation führen direkt auf die Frage: Ist die ideelle Substanz des von Goethe vehement vertretenen Ideals von der geistig-körperlichen Harmonie des Menschen endgültig in Vergessenheit geraten, sprechen Fakten und Prozesse im Leben der Gesellschaft dafür oder dagegen? Wirkt dieses Ideal möglicherweise im gewandelten sprachlichen Kleid substantiell dennoch bis in unsere Gegenwart weiter? Gibt es Feststellungen, die diese Frage beantworten helfen?

Deutschland hat den Ruf eines Kulturlandes und eines Sportlandes. Es bietet ein eindrucksvolles Bild vom Volumen und von der Variabilität kultureller und sportlicher Aktivitäten in der Realität, allerdings ein vielfältiges und widersprüchliches, von schillernden elitären, exqisiten und auch alltäglichen, vertraut-schlichten Erscheinungen auf beiden Gebieten. Es impliziert Motivationen und Aktivitäten von Millionen, ihre individuelle Lebensweise im Sinne geistiger und körperlicher Entwicklung zu gestalten, praktisch und

– 138 –

auch ohne ausdrückliche Berufung auf das von Goethe entworfene Ideal. Aber dieser Eindruck eines positiven Bildes darf andererseits nicht den Blick auf Fragen verstellen, die zunehmend die Sorge um die Entwicklung der Individualitäts in ihrer Ganzheit signalisieren. Genügt es, wenn seit einigen Jahren in der einschlägigen Literatur der Begriff vom „Sport als Kuturfaktor" auftaucht, wenn der Sport in letzter Zeit als Thema des Feuilletons in Zeitungen immer öfter zu finden ist, wenn gar abenteuerliche Thesen vom Sport als Kunstart wortreich begründet werden und gleichzeitig die Verbindung von Kunst und Sport, die Vorstellung Coubertins von der „Hochzeit von Muskel und Geist", vor sich hin vegetiert?

Ganz ohne Zweifel motivieren die Ratschläge der Medizin und die Sportangebote massenweise zu individuellen Aktivitäten, die auf Selbsterziehung des Körpers, auf die Erhaltung und Kräftigung der Gesundheit im präventiven Sinne und auf das Erlebnis der Geselligkeit gerichtet sind. Aber das Gesamtbild dieses Trends bedarf differenzierter Betrachtung und Bewertung, denn der Blick auf die Realität des Sports von heute trifft auf ein Bild, das seine Konturen durch den ständigen Wandel der Interessen, durch seine Vielfalt und offensichtliche Gegensätzlichkeit unscharf erscheinen läßt. Zum einen scheuen nicht wenige, vor allem junge Leute, weder Mühe noch Kosten, um eine körperliche Fitneß zu erzielen, die als „Biokapital" oder „Körperkapazität" günstig ist, wenn für die Erlangung von Jobs dynamische, belastbare, agile Kräfte gesucht werden. Allein der Fitneß-Markt registriert gegenwärtig 5,4 Millionen Studio-Mitglieder. Zum anderen können hochtalentierte Besitzer eines solchen „Biokapitals" als Profisportler in einer Reihe von Sportarten daraus nicht nur für sich persönlich in Millionenhöhe Kapital schlagen, sondern durch ihre sportlichen Vorführungen, die sich dem Showbusineß oft immer mehr annähern, auch Höchsteinnahmen ihrer Vereine „erwirtschaften", so daß diese als Aktiengesellschaften an die Börse gehen können. Der „Marktwert" des Profisportlers wird zur Meßlatte seiner Beurteilung und auch zum Anreiz für seine Anstrengungen im Wettbewerb mit der Konkurrenz, einschließlich der Zugriffe zum Doping, die kriminelle Dimensionen erreicht haben.

Das vorhandene und immer wieder neu angeregte Interesse an der Gesundheit, der Schönheit und dem Spaß durch Sporttreiben ist schon längst zum Gegenstand vielseitiger Marktinteressen geworden, die von Einrichtungen, Geräten und Bekleidung für den Sport, von der sportlich wirkenden Mode bis zu pharmazeutischen Präparaten zur Ergänzung der gesunden, sportgemäßen Ernährung und des „Bodybuilding" reichen.

Die „Anti-Aging"-Bewegung, die der älteren Generation den Antrieb geben soll, den Alterungsprozeß so lange wie möglich zu verzögern, schöpft dazu alle Möglichkeiten aus, nicht zuletzt die sportliche Aktivität. Den Senioren wird ein dynamischer Sport angeboten, der „Jugendlichkeit" verspricht, dazu auch entsprechende Kleidung und Kosmetik, gesundheitsfördernde Präparate und Diätkost. Das Gespür für ein neues Geschäft mit der Eitelkeit macht sich offenbar bezahlt. Andererseits haben aber seriöse Aktivitäten auf diesem Gebiet einen nicht zu unterschätzenden Sinn. Denn: Die Funktionstüchtigkeit körperlicher, psychischer und geistiger Fähigkeiten, die im Alter durch angemessene präventive körperliche Beweglichkeit erhalten oder errreicht wird, hat nach vorliegenden Studien positive Folgen komplexer Art. Festgestellt wurden nicht nur psychisches Wohlbefinden und Zufriedenheit, sondern auch Verbesserung relevanter physiologischer Werte, schnellere Reaktionszeiten und geringere Fehlerquoten bei psychomotorischen Tests, Reaktionsversuchen, Problem- und Lernaufgaben und auch Beeinflussung der kognitiven Fähigkeiten wie vor allem Gedächtnisleistungen.[6] Höhere Vitalität erzeugt erhöhte körperliche und geistige Aktivität, heißt es sicher ebenso zu Recht, und die Beobachtung, daß individuelle Selbständigkeit und Mobilität im Alter für die soziale Kommunikation von ausschlaggebender Bedeutung sind, bestätigt nicht zulertzt den unverzichtbaren Wert des Seniorensports.

Ganz anders verhält es sich mit Extrem- und Risikosportarten wie etwa dem „Bungee Jumping", „von exotisch, exzentrisch bis extremistisch wird kein Angebot ausgespart".[7] Sie werden zwar von den Ausübenden halsbrecherischer Handlungen als Ausdruck ihrer Individualität begründet, aber mehr oder weniger tendieren sie zum hemmungslosen Individualismus und Egozentrismus. Und bei alledem gibt es noch ganz „normalen" Sport, der unter zum Teil ganz einfachen Voraussetzungen in Tausenden von Sportvereinen und -gemeinschaften betrieben wird. Die Öffnung des „Sports für alle" hatte einen Zugang zum organisierten Freizeitsport von beeindruckender Größenordnung zur Folge. Immerhin zählen die 88000 Turn- und Sportvereinen in Deutschland gegenwärtig 27 Millionen Mitglieder.

Demgegenüber beunruhigt das Sorgenkind Schulsport, über dessen Zustand die Klagen zunehmen. Die Feststellung ist in der Tat alarmierend, daß deutsche Grundschüler im Durchschnitt kaum auf 30 Minuten tägliche Bewegungszeit kommen, so daß ganze Generationen eine motorische Verarmung erleiden. Es ist von 30 bis 50 Prozent der Kinder und Jugendlichen die Rede, bei denen Defizite im Haltungsaufbau, in den Organleistungen, in der Koordinationsfähigkeit und im motorischen und sozialen Verhalten festgestellt wurden.[8] Besonders bedenklich steigt die Zahl Schulanfänger mit Defiziten ihres körperlichen Zustands. Die Projekte „Bewegungsfreundliche Schulen" bemühen sich seit Mitte der 90er Jahre darum, solchen Tendenzen entgegenzusteuern, aber sie ersetzen nicht die dringend notwendige grundsätzliche und generelle Neugestaltung der körperlichen Erziehung der Kinder und Jugendlichen, deren Motivierung zur Eigenverantwortung für die persönliche körperliche Disposition eingeschlossen. Es muß also konstatiert werden, daß sich das „klassische" Bild vom Sport durch die radikale Veränderung der Motivationen für das individuelle Sporttreiben, der Normen und Strukturen seines Vollzugs total gewandelt hat.

Setzt man bestimmte Segmente dieses neuen Bildes nun in Beziehung zum Ideal einer Harmonisierung von Körper und Geist im Verständnis Goethes, dann ergibt sich eine interessante Feststellung: „Es ist eine Pointe der abendländischen Geistesgeschichte mit ihren Traditionen der Körperunterdrückung, daß nunmehr dem gestrafften und geformten Körper Leistungen psychischer Inspiration und Stärkung zugetraut werden, die vorher mit dem Konzept Seele verbunden waren."[9]

Das kann sicher auf Motivationen in allen Arten des Freizeitsports und von Fitneß- und Wellness-Aktivitäten bezogen werden und ist auch insofern bemerkenswert, als es auf eine gewisse Annäherung an den Gedanken der Harmonie von Körper und Geist hindeutet, obgleich dies so nicht ausdrücklich artikuliert wird.[10] Andererseits sind sportliche Aktivitäten, die professionell ausgeübt und kommerziell ausgewertet werden, nur schwer mit dem Ideal von geistig-körperlicher Harmonie in Übereinstimmung zu bringen.[11]

Betrachtet man nun auch die Situation in der geistigen Bildung des Individuums, so ergibt sich ein ähnliches, weil ebenso buntscheckiges Bild: Im Zentrum steht die Qualität der schulischen Allgemeinbildung. Sie gelangte in jüngster Zeit unversehens auf den Prüfstand, als eine unabhängige vergleichende Studie sie in Deutschland auf einem Tiefpunkt sah. Könnte es sein, daß in dieser fatalen Lage des Bildungswesens in Deutschland eine Rückbesinnung auf jenes Bildungskonzept anregend und und hilfreich wäre, das Wilhelm von Humboldt entwarf und das den Auffassungen Goethes, Herders, Schillers und anderer ihrer Zeitgenossen voll und ganz entsprach? Die Vorstellung von einem allseitig gebildeten Individuum, ausgestattet mit einem fundierten, anwendungsbereiten Wissen, dadurch kompetent und selbständig urteils- und handlungsfähig im jeweiligen beruflichen und gesellschaftlichen Wirkungsbereich, ist doch wohl alles andere als altmodisch. Und auch das Humboldtsche Bildungssystem, das die Bildungsziele und -inhalte der Grundschulen, der Gymnasien und der Hochschulen aufeinander abgestimmt und aufbauend verband, muß doch nicht als von gestern abgetan werden. Aber genau das war in den sechziger Jahren geschehen, der klassische Bildungskanon geriet nahezu in Vergessenheit, die Vorstellungen vom humanistischen Welt- und Menschenbild verblaßten. Das war allerdings nur ein Vorgang von vielen in der Geschichte Deutschlands, und nicht einmal der gravierendste. Er wurde durch die zwei Weltkriege und vor allem durch das zwölfjährige Nazi-Regime übertroffen. In den sechziger Jahren waren Verunsicherungen die Folge eines Aufbegehrens gegen alle Verkrustungen in der Gesellschaft, in der Nazizeit geistige Trümmerberge das Resultat blindwütiger Zerstörung aller humanistischer Werte. Die schon in der ganzen Geschichte Deutschlands sich als äußerst fragil erweisende kulturelle Identität der Gesellschaft bedarf der Stabilisierung, nicht zuletzt durch die Erneuerung des Bildungswesens.

Eine entschiedene Wende in der Bildungspolitik könnte aus der Besinnung auf das Bildungsideal Goethes und seiner geistigen Wahlverwandten auch für die Gegenwart und die Zukunft ungeahnte produktive Anregungen beziehen.

Das trifft auch auf andere Felder des geistigen Lebens und der geistigen Bildung zu. Es ist unbestreitbar: Die geistige Welt der Gegenwart steht unter dem Einfluß einer unübersehbaren erdrückenden Flut von Bildern und verbalen Informationen, die täglich und stündlich durch die Allmacht der Medien die Dynamik ihrer Steigerung erfährt. Das Bild der Kunst der Moderne ist so zerklüftet, widerpruchsvoll und verschlüsselt, daß sie nur ständig wechselnde Minderheiten von Rezipienten erreicht. Der Kunstmarkt als Regulativ der künstlerischen Produktion verengt zugleich den Zugang zur Kunst.

Andererseits sind nicht wenige Einrichtungen der Kunst, Literatur und Wissenschaft präsent um unterschiedlichsten Interessenten geistige Bildung zu ermöglichen. Vielfältig ist das Angebot für den künstlerisch-ästhetischen Genuß, direkt oder vermittelt durch die Medien. Aber auch auf diesem Gebiet mehren sich Sorgen und Kritik, daß die Weckung des Interesses besonders der Jugendlichen an intellektuell und emotional bereichernden Erlebnissen vernachlässigt würden. Die nicht übersehbare Dominanz der Spaß- und Unterhaltungskultur führe zur Gefahr der Verflachung der geistigen Ansprüche, weil vor allem die Medien ihre künstlerisch-ästhetischen Maßstäbe unter der Knute der Einschaltquoten-Zwänge zu oft auf Billigkeit und Beliebigkeit reduzieren würden. Nahezu täglich könnte man bei so mancher Fernsehsendung Goethe zitieren, der seiner Verärgerung über bestimmte Erscheinungen in der Kunstszene Luft machte: *Die Technik im Bündnis mit dem Abgeschmackten ist die fürchterlichste Feindin der Kunst.*[12] Solche Tendenzen und Erscheinungen sind leider auf allen Ebenen zu konstatieren.

Alle Feststellungen zur gegenwärtigen Situation der geistigen und körperlichen Bildung des Individuums in der Gesellschaft sind Anlaß wachsender Sorge, daß die Gefahr weiterer Verluste der humanistischen Werte generell besteht. Andererseits heißt es, daß sich Jugendliche zunehmend um Wertorientierungen für ihre Lebensweise bemühen und daß sie danach in der Schule, in der Kirche, in der Kunst und auch in der Politik suchen. Wenn das stimmt, läge darin eine Chance für die Gesellschaft. Aber leider besteht primär der Eindruck, daß nachhaltig wirkende Ideen und Strategien zur Überwindung des Dilemmas noch nicht im Mittelpunkt gesellschaftlicher Interessen und Diskussionen stehen. Aber nur sie könnten das Bewußtsein bewirken: Die Aneignung des humanistischen Erbes ist keine Last, sondern sie kann zur unerschöpflichen Quelle geistiger Lust werden.

Es gibt nur eine Alternative: Entweder Kapitulation vor dem „Zeitgeist", das würde einen irreparablen Verlust bedeuten, oder Aktivierung der Pflege des Erbes, das würde einen unschätzbaren Gewinn für die Gesellschaft in Gegenwart und Zukunft bringen. Er bestünde ohne Zweifel in einer zeitgemäß begründeten Belebung des von Goethe entworfenen humanistischen Menschen- und Gesellschaftsbildes und dessen Kerns, des Ideals von der geistig-körperlichen Harmonie des menschlichen Individuums. Wird es aber in dieser sprachlichen Form heutzutage – weil zu akademisch gehalten – möglicherweise nicht angenommen? Vermutlich. Würde es in der sprachlichen Form eines aktuellen Slogans „Körperlich und geistig fit halten" eher als eine Annäherung an Goethes Vorstellung akzeptiert werden können? Möglicherweise. Er selbst gab den Rat, man solle sich immer *an das fortschreitende Leben halten.*[13] Gleichwohl sollten solche Zeichen einer Annäherung nicht zu vorschnellen Schlüssen verführen.

Denn: Das fortgeschrittene Leben hat in der Realität der heutigen, oft postmodern genannten Gesellschaft, in ihren sozialökonomischen Lebensbedingungen und ihren globalen Verflechtungen, in ihren psychischen Belastungen durch die von Krieg und Terrorismus gekennzeichnete Weltlage eine fundamentale Verlagerung der Wertvorstellungen erfahren: Dominierend und alles andere überlagernd zielt die Programmatik der politischen Elite auf Werte wie Wirtschaftswachstum, Gesundung des Arbeitsmarktes, soziale Gerechtigkeit, Umweltschutz, Familienförderung, Verbesserung der Schulbildung, also auf zweifellos gesellschaftlich relevante Herausforderungen der Zeit. Aber es handelt sich vornehmlich um praktisch-materielle Werte.

Es geht jedoch um den Mangel an Visionen, die den Geist eines neuen Aufbruchs atmen und tatkräftige Verwirklichung erfordern, die sich als geistig-moralische Schubkraft erweisen: Es geht um solche Werte wie die Identifikation mit Vorbildern humanistischen Denkens und Handelns, um die Verinnerlichung der Wertvorstellung von der harmonischen geistigen und körperliche Bildung der Persönlichkeit, deren Streben zur Selbstverwirklichung ihres Ichseins führt und nicht zum Nur-für-sich-Sein, deren charakterliche Haltung sich durch soziales Engagement, Verantwortungsbewußtsein, Gerechtigkeitssinn, Toleranz, Solidarität auszeichnet und von der Bereitschaft erfüllt ist, sich in das gesellschaftliche Leben einzubringen.[14]

Aber: Das diagnostizierte Defizit an Visionen zur Darstellung und Verwirklichung solcher Grundwerte eines humanistischen Welt- und Menschenbildes im realen gesellschaftlichen Leben unserer Zeit deutet darauf hin, daß es neuen Denkens bedarf. Nur so können die notwendigen Anstrengungen tiefgreifende Veränderungen bewirken, die Grundwerte zum Allgemeingut der Gesellschaft und insbesondere der Jugend werden zu lassen.

Was also tun? Nichts wird sich im Selbstlauf vollziehen, verbale Beschwörungen würden kaum etwas bewegen, und Administrieren verbietet sich von selbst. Von der gesellschaftlichen Realität unserer Zeit ausgehend und orientiert auf eine gesellschaftliche Konvention des Humanismus, würden sich allerdings alle Mühen der Beschäftigung mit der geistigen Hinterlassenschaft Goethes in Poesie und Prosa, in seinen philosophischen, ästhetischen und pädagogischen Ansichten und lebensgeschichtlichen Bekenntnissen lohnen. Und das wird ganz bestimmt das notwendige neue Denken über Werte inspirieren, Goethes Rat folgend: *Was du ererbt von deinen Vätern hast, erwirb es, um es zu besitzen.*[15]

Aber: „Was Goethe meint, ist offensichtlich. Wer Erbschaft als Besitz behandelt, hat sie verspielt. Erbschaft ist nur in eigener Tätigkeit, mit Hilfe des Überlieferten, möglich, was häufig auch heißen mag: im Gegensatz zum Überlieferten. Heute aber bedeutet es vor allem: daß man sich der weiteren schleichenden oder gar zynischen Zerstörung widersetzt. Diese Negation ist kulturell produktiv."[16]

Epilog

Notwendig ist
ein „praktisches Verhalten zu Goethe
und seinem Werk"

DEM RAT ZU FOLGEN, DURCH EIN „PRAKTISCHES VERHALTEN ZU GOETHE UND SEINEM Werk"[1] Auskünfte zu erhalten, wie sich sein Ideal der Harmonie von Geist und Körper herausbildete, wie er es durch seine Dichtung zum geistigen Allgemeingut seiner Zeit werden lassen wollte und wie er es in seinem Leben besonders durch seine aktive körperliche Selbsterziehung zu verwirklichen bemüht war, hat sich als ergiebig und nützlich erwiesen. Mehr noch: Die gewonnenen Auskünfte Goethes zur Thematik führen zu dem Schluß, daß sie in einem – allgemein sicher unerwartet – hohen Maße zeitgemäß sind. Folgende Aspekte lassen sich hervorheben:

Erstens bewies Goethe in einigen Lebensabschnitten seine körperliche Leistungsfähigkeit in einer erstaunlichen Vielseitigkeit. Er kann deshalb als Ausnahmeerscheinung seiner Zeit gelten. Aber er war kein Athlet, weder im Sinne der Antike noch in Gleichsetzung mit Hochleistungssportlern von heute. Wenn gewöhnlich der Wettkampf miteinander und gegeneinander als „Seele des Sports" bezeichnet, wenn für den Leistungssport das Ringen um Bestleistungen und Rekorde als charakteristisch angesehen wird, dann trifft eine solche Kennzeichnung auf die Aktivitäten Goethes kaum zu. Sie waren für ihn besonders geeignete Möglichkeiten des intensiven Erlebens der Natur, sie dienten nicht zuletzt auch der Geselligkeit und Unterhaltung.

Zweitens entdeckte Goethe in diesen Aktivitäten unverzichtbare Quellen nicht nur für die Gesundheit und das Wohlbefinden schlechthin, sondern auch für die geistige Produktivität.

Drittens war Goethe ein entschiedener Vertreter einer wirksamen Erziehung der Jugend mit dem Ziel ihrer geistig-körperlich harmonischen Individualität, er unterstützte deshalb nach Kräften das Wirken der pädagogischen Reformer seiner Zeit.

Bemerkenswert ist die Art und Weise, wie sich das Verhältnis Goethes zur Körpererziehung herausbildete, verbunden mit Rückschlägen und gezeichnet von Widersprüchen. Das macht seine persönlichen positiven wie negativen Erfahrungen und seine Anregungen auch heute noch bedeutsam, wenngleich deren Anwendung nur unter Berücksichtigung des allgemeinen Wandels der Lebensauffassungen und -bedingungen erfolgversprechend sein wird.

Positiv sind seine Erfahrungen, wonach sich körperliche Aktivität als Quelle geistiger Produktivität erweist. Sie berühren ein hochaktuelles Problem. Es entsprach seiner geistig-moralischen Grundhaltung, dies als erstrebenswert zu vertreten, aber daraus niemals unabdingbare Forderungen für andere oder gar für alle abzuleiten, sich körperlich aktiv zu betätigen. Mit einer Ausnahme: Für die Jugend forderte er kategorisch alle Chancen für eine wirksame körperliche Erziehung und Bildung.

Negativ sind seine Erfahrungen, die heute zu den gesicherten Erkenntnissen der Sportmedizin und der Gerontologie zählen, daß nämlich sportliche Aktivitäten auch über längere Zeiträume hinweg keine Depotwirkung im Alter haben, sondern der altersgerechten Weiterführung bedürfen, um den Efffekt der Gesundheit und des Wohlbefindens zu erzielen. Da aber Goethe kein Heiliger oder Asket war, hatten seine veränderte Lebensführung im fortschreitenden Alter, seine Lust am Genuß von guten Speisen und Getränken und seine Versäumnisse an körperlicher Aktivität unangenehme Folgen, nämlich zunehmende Korpulenz, Nachlassen des Wohlbefindens und häufige Erkrankungen. Aus dieser von der Literaturwissenschaft allgemein vernachlässigten Komponente seines Lebens und Schaffens sind auch heute noch anregende Erkenntnisse zu schöpfen. Sie führen zu Folgerungen, die über diese bewußte Fokussierung auf einen Aspekt des Goetheschen Menschenideals, die Körpererziehung, weit herausreichen. Immerhin gehört sie unverzichtbar zum Ideal der geistigen und körperlichen Harmonie als Kern eines humanistischen Menschen- und Weltbildes.

Diese Rückbesinnung auf höchst bedrohte und bereits empfindlich beschädigte Werte, ihre erneute Erschließung für die Zukunft unter globalisierten Lebensbedingungen bedürften des Mutes und des Einflusses vieler, vor allem der Sinnträger der Gesellschaft, der Künstler und Wissenschaftler, aber auch der Politiker und Publizisten aller Medien. Das geistige Erbe des Johann Wolfgang Goethe wäre für eine solche Wende zur Wiederbelebung der Wertvorstellungen eines humanistischen Welt- und Menschenbildes Quelle und Ratgeber. Sich mit ihm zu beschäftigen verspricht nicht nur einen Gewinn an historischen Kenntnissen, sondern verbindet sich zudem mit dem ästhetischen Genuß der Begegnung oder Wiederbegegnung mit einer unvergänglichen Dichtkunst.

Anhang

Anmerkungen

Prolog

1 A 13 IV, Bd. 2, S. 16.
2 A 10, Bd. 9, S. 347.
3 A 3, S. 13.
4 Das trifft vor allem auf A 18, 22, 24, 32, 37, 40 zu.
5 A 28, S. 374.

Teil I (Seite

1. Kapitel

1 Zit. in: A 15, S. 41–42.
2 Diese Schilderung des Eindrucks von Goethes Erscheinung ist offenbar keine Einzelmeinung: „Wie Goethe damals unter den Lebenden einherschritt, in herzberückender Schönheit, mit lockigem Haupt und strahlenden Augen, das haben Zeitgenossen oft begeistert geschildert: vom Wirbel bis zur Zehe ein echter Künstler, dessen Leier von goldenen Liedern tönte wie sein Köcher von scharfen Pfeilen klang, mächtige Pläne wälzend im geistigen Verkehr mit den großen Gestalten der Vorwelt, einem Prometheus, einem Mahomet, einem Cäsar, und Stein auf Stein schichtend am Faust, dem modernen Weltgedichte." (Franz Mehring, Aufsätze zur deutschen Literatur von Klopstock bis Weerth, Berlin 1961, S. 54).
3 A 7, Bd. 2, S. 15.
4 A 10, Bd. 9, S. 247.
5 A 11, S. 10.
6 Zit. in: A 31, S. 43.
7 A 1, Bd. 1, S. 16.
8 A 10, Bd. 1, S. 73.
9 A 10, Bd. 1, S. 157 ff.

2. Kapitel

1 A 42, S. 64 ff.
2 A 10, Bd. 10, S. 72.
3 A 22, S. 9.
4 A 10, Bd. 1, S. 272.
5 A 10, Bd. 1, S. 299 f.
6 A 13 IV, Bd. 1, S. 116.
7 A 10, Bd. 1, S. 299.
8 A 10, Bd. 1, S. 242.
9 A 45, S. 72.
10 A 10, Bd. 3, S. 32.
11 A 10, Bd. 1, S. 269 f.
12 A 38, S. 30.
13 A 10, Bd. 1, S. 354.
14 A 42, S. 66 ff.
15 A 10, Bd. 1, S. 317.
16 A 10, Bd. 1, S. 354.
17 A 9, S. 132–140 u. S. 141–149.
18 A 10, Bd. 1, S. 317.
19 A 10, Bd. 1, S. 306.
20 A 38, S. 51 ff.
21 A 2, S. 49.
22 A 10, Bd. 1, S. 354.
23 A 38, S. 89 f. / A 8, S. 80 f. / A 56, S. 24 f.
24 A 19, S. 184.
25 A 10, Bd. 1, S. 361.

3. Kapitel

1 A 10, Bd. 1, S. 396.
2 A 10, Bd. 2, S. 36.
3 A 10, Bd. 1, S. 400 f.
4 A 34, Bd. II, S. 43.
5 A 23, S. 11.
6 A 2, S. 62 ff.
7 A 10, Bd. 1, S. 382 f.
8 Zit. in A 36, S. 81.
9 A 10, Bd. 2, S. 11.
10 A 10, Bd. 2, S. 12.
11 A 10, Bd. 1, S. 399.
12 A 13 IV, Bd. 1, S. 235.
13 A 10, Bd. 3, S. 83 f.
14 A 28, S. 375.

4. Kapitel

1. A 13, Bd. 4, S. 266 f.
2. A 46, Bd. I, S. 23.
3. Brief v. 1. 6. 1774, in: Der junge Goethe in seiner Zeit. Briefe, Tagebücher. CD-ROM, Insel Verlag 1998, Bd. 1, S. 613.
4. A 35.
5. Zit. in: A 39, S. 19.
6. A 10, Bd. 2, S. 65.
7. A 5, S. 10.

Teil II

5. Kapitel

1. Zit. in A 1, S. 31.
2. A 13 IV, Bd. 5, S. 179.
3. Zit. in A 1, S. 33.
4. A 10, Bd. 4, S. 8.
5. A 46, Bd. I, S. 158.
6. A 53, S. 11 u. S. 9.
7. A 13 IV, Bd. 10, S. 96.
8. A 46, Bd. I, S. 190.
9. A 13, Bd. 3, S. 133.
10. A 13, Bd. 6, S. 95 ff.
11. Zit. in A 21, S. 30.
12. A 13, Bd. 3, S. 63 ff.
13. A 13, Bd. 6, S. 95 ff.
14. A 17, S. 33 f.
15. Zit. in A 1, S. 175.
16. A 13, S. 48 f.
17. A 13 IV, Bd. 5, S. 312.
18. A 10, Bd. 5, S. 401.
19. A 10, Bd. 7, S. 291.
20. Zit. in A 31, S. 366.
21. A 4, S. 242 f.
22. Brief Beethovens, geschrieben in Franzensbrunn am 9. August 1812 an Breitkopf und Härtel in Leipzig, in: Ludwig van Beethoven, Briefe. Eine Auswahl. Henschelverlag Berlin 1969, S. 70 f.

6. Kapitel

1. A 7, Bd. 2, S. 282.
2. A 47.
3. A 10, Bd. 6, S. 141.
4. A 10, Bd. 1, S. 215 f.
5. A 10, Bd. 9, S. 363.
6. A 10, Bd. 4, S. 265 f.
7. A 10, Bd. 2, S. 85.

8. A 13 / III, Bd. 1, S. 110 ff.
9. In: J. G. Seume, Prosaische und poetische Werke in 4 Bdn., Bd. 4, Berlin o. J., S. 8. Ebenda auch: „Wer geht, sieht im Durchschnitt anthropologisch und kosmisch mehr, als wer fährt." (S. 7) Seume unternahm 1805 eine zweite große Wanderung nach Rußland, Finnland und Schweden.
10. A 10, Bd. 3, S. 279 ff. Der Pindar gewidmete Teil des Gedichts enthält übrigens mehr an direkter Schilderung sportlicher Aktivität als die Oden von Pindar selbst (vgl. Beispiel der von Goethe übersetzten Ode von Pindar in Kapitel 10).
11. Aus dem Gedicht „Im Vorübergehen", zitiert in: „Krone des Lebens – Gedichte Goethes", zusammengestellt und eingeleitet von Bruno Wille, Berlin o. J., S. 13 f. Dieses Gedicht ist in „Goethe – Gedichte", München 1999, herausgegeben von Erich Trunz, nicht enthalten, dafür auf S. 254 f. das Gedicht „Gefunden", das teilweise mit dem vorgenannten Gedicht identisch ist. Der Kommentar (S. 651 f.) weist aber auf die Existenz von zwei Versionen nicht hin.
12. A 11, S. 38.
13. Zit. in A 39, S. 71.
14. Zit. in A 31, S. 251.
15. Zit. in A 6, S. 148 f.
16. A 10, Bd. 6, S. 382 ff.
17. A 10, Bd. 10, S. 123.
18. Zit. in A 6, S. 160 f.
19. A 10, Bd. 1, S. 86.
20. A 10, Bd. 1, S. 460.
21. A 34 Bd. IV, S. 427.
22. A 13 III, Bd. 1, S. 28 ff.
23. Zit. in A 31, S. 269.
24. A 11.
25. A 10, Bd. 4, S. 365.
26. A 7, Bd. 2, S. 198.
27. A 10, Bd. 5, S. 390.
28. A 50, S. 53.
29. A 13 IV, Bd. 2, S. 16.
30. A 10, Bd. 9, S. 49.
31. A 7, Bd. 2, S. 282.
32. A 13 III, Bd. 1, S. 23 ff.
33. Zit. in A 19, S. 19.
34. Zit. in A 6, S. 168 u. S. 176.
35. A 10, Bd. 4, S. 374.
36. A 40, S. 97 ff.
37. A 10, Bd. 4, S. 19 ff.
38. In: Goethe – Gedichte, München 1999, S. 216.

39 A 31, S. 434.
40 A 7, Bd. 2, S. 156 ff.
41 A 10, Bd. 2, S. 323 ff.
42 A 57, S. 127 f.
43 Zit. in A 6, S. 268.
44 A 10, Bd. 4, S. 227.
45 A 7, Bd. 1, S. 176.
46 Zit. in: A 6, S. 284.
47 A 10, Bd. 2, S. 250.
48 A 10, Bd. 2, S. 85 f. u. A 43, S. 22 ff.
49 A 10, Bd. 2, S. 224 f.
50 A 43, S. 147 f.
51 A 13 III, Bd. 1, S. 28 f.
52 A 43, S. 144 ff.
53 A 10, Bd. 2, S. 250 ff.
54 A 10, Bd. 4, S. 219 tf.
55 Zit. in A 6, S. 450.
56 A 6, S. 406.
57 Die Sportwissenschaft (Sportpsychologie, -medizin, -soziologie) befaßt sich in jüngster Zeit mit dem Phänomen des flow, sowohl in der Motivation, den Flow-Zustand, das Flow-Erlebnis zu erreichen, als auch mit seinem psycho-physischen Effekt in den sogenannten Risikosportarten. Das Flow-Erlebnis wird als Bewußtseinszustand charakterisiert, in dem man (psychisch) in einem geistigen Höhenflug bei aktiver, kontrollierter Bewegungshandlung (physisch) persönliche Höchstleistungen erzielt, wenn sich dabei das individuelle psychophysische Können und die Meisterung der äußeren Bedingungen die Waage halten. (Csikszentmihaly, M./ Selega,I.: Die außergewöhnliche Erfahrung im Alltag. Die Psychologie des Flow-Erlebnisses. Stuttgart 1991) Siehe auch A 41, S. 210.
58 Zit. in A 36, S. 319.

7. Kapitel

1 A 36, S. 212 f.
2 A 19, A 23, A 27, A 35.
3 A 4, S. 242.
4 A 46, Bd. I, S. 124.
5 A 10, Bd. 3, S. 296.
6 A 10, Bd. 2, S. 191.
7 A 10, Bd. 2, S. 314.
8 Zit. in A 41, S. 14.
9 Zit. in A 49, S. 84.
10 Zit. in A 48, S. 180.
11 Zit. in A 48, S. 181.
12 A 10, Bd. 5, S. 143 ff.
13 A 41, S. 209.
14 A 10, Bd. 4, S. 24.
15 A 10 Bd. 4, S. 24.
16 Zit. in A 41, S. 210.
17 A 13 III, Bd. 1, S. 55 ff.
18 Zit. in A 6, S. 461 f.
19 Zit. in A 10, S. 580.
20 Zit. in A 1, S. 194.
21 A 30, S. 93 f.
22 A 7, Bd. 1, S. 301.
23 Zit. in A 52, S. 3.
24 A 26.
25 A 54, S. 94 ff.
26 A 54, S. 97 ff.
27 A 10, Bd. 4/ 242 ff.
28 A 23, S. 41.
29 Von Hans Mayer ausdrücklich hervorgehoben in: Goethe, ein Versuch über den Erfolg, zit. in A 15, S. 313 ff.
30 Zit. in A 51, S. 213.
31 A 10, Bd. 4, S. 85 ff.
32 Zit. in A 52, S. 102 f.
33 Zit. in A 51, S. 211. Der Einfluß der griechischen Kultur (einschließlich Körperkultur) auf die römische Kultur sowie die ganz unterschiedlichen Reflexionen von römischen Dichtern, die auch Goethe vertraut waren (wie Horaz, Vergil, Martial, Juvenal, Ovid, Plutarch, Lukian, Pausanias u. a.) über diese Entwicklung im alten Rom (S. 70–77 und 172–195) werden anschaulich beschrieben in: Gerhard Lukas, Der Sport im Alten Rom, Berlin 1982, 284 S.
34 Zit. in A 21, S. 63 f.
35 Zit. in A 60, S. 48.
36 Zit. in A 4, S. 109.
37 A 29/XII.
38 A 19, S. 275.
39 A 10, Bd. 9, S. 245.

8. Kapitel

1 A 13 III, Bd. 1, S. 114 ff.
2 A 20, S. 56.
3 A 4, S. 316.
4 Siehe: W. Lange-Eichbaum u. W. Kurth, Genie, Irrsinn und Ruhm, München/Basel 1979. Das Buch enthält auch eine Pathographie von Goethe (Sippe und Familie, körperliche Struktur, körperliche Krankheiten, Persönlichkeitsstruk-

tur, Sexus, Periodik des Schaffens (S. 367–371), die einen Extrakt von 60 Artikeln darstellt (Liste der Titel S. 643–646).
5 A 58, S. 207 f.
6 A 58, S. 225.
7 A 20, S. 282.
8 A 58, S. 240.
9 A 58, S. 238 f.
10 A 20, S. 287.
11 A 20, S. 308.
12 A 10, Bd. 9, S. 191 ff. u. S. 188 f.
13 A 10, Bd. 5, S. 319 f.
14 A 13 III, Bd. 1, S. 114 ff.
15 A 7, Bd. 2, S. 318.
16 A 34, Bd. II, S. 461 u. S. 248.
17 A 7, Bd. 1, S. 425.
18 A 10, Bd. 7, S. 25.
19 A 27, S. 117.
20 A 32, S. 14 ff.
21 A 10, Bd. 9, S. 378.
22 A 24, S. 367–371.
23 Zit. in A 4, S. 413.
24 A 27, S. 105.

Teil III

9. Kapitel
1 B 18, S. 1215 f. (Siehe auch: S. Israel, Muskelaktivität und Menschwerdung – technischer Fortschritt und Bewegungsmangel. Reflexionen über die Notwendigkeit körperlicher (sportlicher) Bewegung. Sport und Wissenschaft. Beiträge zu den Leipziger Sportwissenschaftlichen Beiträgen. Hrsg. Dekan der Sportwissenschaftlichen Fakultät der Universität Leipzig. Bd. 7. – Academia Verlag Sankt Augustin 1995, 133 S.)
2 A 7, Bd. 2, S. 263.
3 A 30, S. 18 f.
4 A 7, Bd. 1, S. 45.
5 A 7, Bd. 1, S. 327.
6 A 12, S. 61 ff. u. S. 76.
7 A 7, Bd. 2, S. 259; Entelechie = die im Organismus liegende Kraft, die seine Entwicklung und Vollendung bewirkt (keine medizinische, sondern philosophische Erklärung, auf Aristoteles zurückgeführt).
8 Zit. in A 51, S. 361.
9 A 13 IV, Bd. 48, S. 41.
10 Zit. in A 32, S. 169 f.
11 A 7, Bd. 2, S. 257.
12 A 20, S. 97.
13 A 7, Bd. 1, S. 225.
14 Zit. in A 15, S. 341.
15 A 7, Bd. 1, S. 225.
16 A 7, Bd. 2, S. 262 f.
17 A 7, Bd. 2, S. 272.
18 Siehe: Herbert Scurla, Alexander von Humboldt – Sein Leben und Wirken, Berlin 1955, S. 69.

10. Kapitel
1 A 59.
2 A 10, Bd. 1, S. 352 ff.
3 A 10, Bd. 5, S. 264 ff.
4 A 16, Bd. / Bd. 4, S. 121 f.
5 A 16, Bd. 2, S. 363 u. S. 296.
6 A 33, Bd. 2, S. 554.
7 A 33, Bd. 2, S. 750 ff.
8 A 33, Bd. 3, S. 798 ff.
9 A 46, Bd. II, S. 48.
10 A 10, Bd. 2, S. 220.
11 J. W. Goethe, dtv-Gesamtausgabe Bd. 6, 1961, S. 220.
12 Zit. nach den Auszügen der Pindar-Übersetzungen (u. a. von Wilhelm von Humboldt und Friedrich Hölderlin), die Ernst Curtius in seinem Werk „Olympia", Berlin 1935, veröffentlichte.
13 A 10, Bd. 9, S. 299.
14 Siehe: Wolfgang Vulpius, Der Goethepark in Weimar, Weimar 1975, S. 18.
15 A 10, Bd. 5, S. 270.
16 Diese Auffassung Goethes vom Begriff menschlicher Schönheit interpretiert Georg Lukács ausführlich in „Goethe und seine Zeit", Berlin 1955, S. 357 ff. (siehe auch: Anm. 17).
17 A 10, Bd. 2, S. 63 ff. Nach neueren Erkenntnissen müßte Goethe den Mannheimer Antikensaal schon 1769 von Frankfurt aus besucht haben (siehe: E. Forssmann, Goethezeit – Über die Entstehung des bürgerlichen Kunstverständnisses, München/Berlin 1999, S. 131).
18 B 31, S. 37 ff.
19 A 10, Bd. 1, S. 352 ff.
20 A 14, S. 143 ff.
21 Friedrich Höderlin, Hyperion [...] und Gedichte, Leipzig o. J., S 263 ff.

11. Kapitel
1. A 7, Bd. 2, S. 271.
2. A 10, Bd. 5, S. 465.
3. Zit. in A 1, S. 79 f.
4. A 32, S. 191.
5. A 10, Bd. 6, S. 303.
6. A 10, Bd. 10, S. 165.
7. A 10, Bd. 10, S. 79.
8. Siehe: Wolfgang Vulpius, Der Goethepark in Weimar, Weimar 1875, S. 12 ff., 15, 18 f. (ausführliche Schilderung der Aktivitäten und praktischen Arbeiten Goethes bei der Neugestaltung der Parkanlagen).
9. A 10, Bd. 7, S. 61.
10. J. C. Fichte, Ausgewählte Werke in 6. Bdn., Bd. 5, Darmstadt 1962, S. 251.
11. G. W. F. Hegel, Ästhetik (in 2 Bdn.), Bd. 2, Berlin/Weimar 1965, S. 99 ff.
12. A 14, S. 82. Die Erstausgabe (1793) enthält gegenüber der Ausgabe von 1804 zahlreiche weitere treffende Bemerkungen über die Beziehung von Körper und Geist.
13. A 14, S. 18 f.
14. A 10, Bd. 6, S. 603.
15. A 14, S. 3.
16. Zit. in A 44, S. 328 f.
17. In: Goethe – Gedichte. München 1999, S. 213.
18. Zit. in A 32, S. 192.
19. A 7, Bd. 2, S. 158.
20. Zit. in A 31, S. 560.
21. In: Goethe – Gedichte. München 1999, S. 333 f. u. S. 697.
22. Die aus dem Englischen stammende Bezeichnung Sport soll durch den Reiseschriftsteller Fürst Pückler-Muskau 1828 in den deutschen Sprachgebrauch eingeführt worden sein.

12. Kapitel
1. A 13 IV, Bd. 39, S. 216.
2. Pierre de Coubertin, Olympische Erinnerungen, Berlin 1987.
3. Walter Benjamin, Das Kunstwerk im Zeitalter seiner technischen Reproduzierbarkeit, o. O. 1936. (Siehe auch: H. Mayer, Nach Jahr und Tag. Reden 1945–1977. Goethe und unsere Zeit. Eine Rede vor jungen Menschen. Weimar 1949. – Suhrkamp Verlag Frankfurt a. M. 1978, S. 53–75)
4. Ortega y Gasset, Ästhetik in der Straßenbahn, Berlin 1987, S. 104.
5. Siehe: Horst Petri, Der Verrat an der jungen Generation. Welche Werte die Gesellschaft Jugendlichen vorenthält. Berlin 2002, 221 S.
6. U. Lehr, Alt werden macht nur Spaß, wenn man gesund und kompetent alt wird. In: DSB Presse Nr. 37/10. 9. 2002.
7. H. Pieper, Frühe Botschaft – später Boom. In: DSB Presse Nr. 42/15. 10. 2002.
8. Intellektuelle und motorische Entwicklung sind nicht zu trennen. In: DSB Presse Nr. 5/9. 4. 2002.
9. Volker Rittner, Die „success-story" des modernen Sports und seine Metamorphosen. Fitneß, Ästhetik und individuelle Selbstdarstellung. In: Politik und Zeitgeschichte, Bd. 24/1994, S. 23–30.
10. Solche „Annäherungen" machten schon in den 80er-Jahren auf sich aufmerksam:. So befaßten sich Autoren mit der „Entfaltung des Körpers im Sport", mit der „Formung, Verformung, Formierung des Körpers", mit dem „Fühlen und Erleben im Sport" und mit der Körperarbeit als Wiederaneignung von Lebensperspektive". In: Sport und Körper. Hrsg. M. Klein. Arbeitsbücher Sport / Sachbuch rororo / Reinbek bei Hamburg 1984, 158 S.
Die Thematik der Harmonie von Körper und Geist wird auf anregende Weise (und unter Berufung auf Ansichten u. a. von Rousseau, Pestalozzi und Goethe) dargestellt in: Christiaan L. Hart Nibbrig, Die Auferstehung des Körpers im Text. edition suhrkamp 1221, Neue Folge Band 221, Frankfurt a. M. 1985, 208 S.
11. Darauf wird schon seit längerer Zeit in aller Schärfe hingewiesen: Der professionelle Spitzensport sei „aus Ideenzusammenhängen, mit denen er traditionell verschränkt war, herausgelöst: ‚Gesundheitsstreben, pädagogische Werte,' Kultur des Selbst, ... Die seit der Aufklärung bestehende Umklammerung der sportlichen Leistung mit pädagogischen und therapeutischen Zielsetzungen ist aufgehoben worden, ethische Verhaltensanforderungen prallen an der Berufseinstellung des professionellen Athleten wirkungslos ab. Humane Werte haben zwar nie die Geschichte des Sports bestimmt, aber heute gelten sie für die Spitzensportler weniger denn je. An dieser Entwicklung ist vieles zu beklagen, nur muß man auch sehen, daß der bezahlte Sport in

seiner gegenwärtigen Form über unsere Gesellschaft unbehindert Dinge aussagt, die kaum ein anderes Symbolsystem zum Ausdruck bringt." In: Sport – Eros – Tod. Hrsg. G. Hortleder / G. Gebauer. edition suhrkamp es 1335, Neue Folge, Band 335, Frankfurt a. M. 1986, 285 S.
12 A 10, Bd. 9, S. 365.
13 A 10, Bd. 7, S. 110.
14 Siehe: Anmerkung 5, a. a. O.
15 A 10, Bd. 10, S. 28.
16 In: H.Mayer, Aufklärung heute. Reden und Vorträge 1978-1984. – Suhrkamp Verlag Frankfurt a. M. 1985, S. 85.

Epilog

1 Hans Mayer, Literatur der Übergangszeit. Essays, Berlin 1949, S. 30.

Literaturquellen

A. Allgemeine Literatur zu Leben und Werk Goethes

(Die erste Ziffer in der Klammer verweist im Text jeweils auf den Titel des Buches oder Artikels, die zweite auf die dortige Seite des Zitats.)

1 BERTHOLDT, S. (1999): „Mir geht's mit Goethen wunderbar". Charlotte von Stein und Goethe – die Geschichte einer Liebe. – München
2 BODE, W. (1913): Goethes Liebesleben – Dichtung und Wahrheit. – Leipzig 1996
3 BRECHT, B. (1977): Arbeitsjournal 1938-1955. – Berlin
4 DAMM, S. (1998): Christiane und Goethe – Eine Recherche. – Frankfurt a. M. u. Leipzig
5 DIEDERICH, F. (1949): Einführung in Goethe. – Weimar
6 DIEM, C. (1948): Körpererziehung bei Goethe – Ein Quellenwerk zur Geschichte des Sports. – Frankfurt a. M.
7 ECKERMANN, J. P. (o. J.): Gespräche mit Goethe in den letzten Jahren seines Lebens. 3 Bd. – Berlin u. Leipzig
8 ESCHNER, M. (1910): Leipzigs Denkmäler – Denksteine und Gedenktafeln. – Leipzig
9 GELLERT, C. F. (1770): Moralische Vorlesungen. Nach dem Tode herausgegeben von J. A. Schlegel und G. L. Heyer. 2 Bd. – Leipzig / In: Gesammelte Schriften von Ch. F. Gellert. Hrsg. B. Witte. Bd. 6 Moralische Vorlesungen ... – Berlin, New York 1991
10 GOETHE, J. W. v. (1956): Werke. 10 Bde. – Weimar
11 GOETHE, J. W. v. (1994): Campagne in Frankreich 1792. Belagerung von Mainz. – Frankfurt a. M. und Leipzig
12 GOETHE, J. W. v. (1999): Merkwürdige Menschen. Sieben literarische Porträts. – Berlin
13 GOETHE. J. W. v. (1887-1912) Werke. Abt. III u. IV. Weimarer Ausgabe
14 GUTSMUTHS, J. Ch. F. (1804): Gymnastik für die Jugend. – Schnepfenthal / Reprint- Ausgabe (mit Kommentar-Band von W. Schröder) – Rudolstadt & Jena 1999
15 HENSCHEID, E./BERNSTEIN, F. W. (Hrsg.) (1999): Unser Goethe. – Frankfurt a. M.
16 HERDER, J. G. (1964): Werke in 5 Bdn. Bd. 2. – Berlin u. Weimar
17 JENA, D. (1999): Maria Pawlowa. Großherzogin an Weimars Musenhof. – Graz, Wien, Köln
18 JENS, T. (1999): Goethe und seine Opfer – Eine Schmähschrift. – Düsseldorf
19 KLAUSS, J. (1998): Goethes Deutschland. Orte und Stätten von Aachen bis Zwickau aus der Sicht des Dichters. – Stuttgart
20 KLESSMANN, E. (Hrsg.) (1995): Goethe aus der Nähe. Texte von Zeitgenossen. – Zürich
21 KLIEN, W. (2000): „Er sprach viel und trank nicht wenig". Goethe. Wie berühmte Zeitgenossen ihn erlebten. – München
22 KÜNTZEL, U. (1997): Die Geschäfte des Herrn Goethe. – Hannover

23 LAHANN, B. / MAHLER, U. (1999): Auf Goethes Spuren. – Hamburg
24 LANGE-EICHBAUM, W. / KURTH, W. (1967 / 1979): Genie, Irrsinn und Ruhm. – München, Basel
25 MICHEL, Ch. / W. FLECKHAUS, m. Vorwort von A. MUGSCH (1982): Goethe. Sein Leben in Bildern und Texten. – Frankfurt a. Mm, Leipzig
26 MORITZ, K. Ph. (1989): Götterlehre oder mythologische Dichtungen der Alten. – Leipzig
27 NEUMANN-ADRIAN, E. u. M (1998): Goethe auf Reisen. – Augsburg
28 NIETZSCHE, F. (1994): Götzen-Dämmerung. In: Werke Bd. 3. – Köln
29 RAVE, O. P. (1999): Das Jahrhundert Goethes. In: 338 Porträts berühmter Frauen und Männer. – Köln
30 SCHAGINJAN, M. (1952): Goethe. – Berlin
31 SCHAUFFLER, Th. (1913): Goethes Leben, Leisten und Leiden in Goethe's Bildersprache. – Heidelberg
32 SCHNIPPERGES,H. (1996): Goethe – Seine Kunst zu leben. Betrachtungen aus der Sicht eines Arztes. – Frankfurt a. M.
33 SCHILLER, F. (1958): Werke in 3 Bdn. – Leipzig
34 SCHOPENHAUER, A. (1988): Werke in 5 Bdn. – Zürich
35 SCHWEDT, G. (1998): Goethes Reisen an den Rhein. – Bonn
36 SEEHAFER, K. (2000): Johann Wolfgang Goethe. Mein Leben ein einzig Abenteuer. Biografie. – Berlin
37 STIEFELHAGEN, P. (1999): Die Leiden des Johann Wolfgang von Goethe. – In: Medizin + Kunst, München, 11. Jg. Heft 4 / 1999, S. 28–30
38 WEINKAUF, B. (1999): Leipzig mit Goethes Augen. – Beucha
39 WIEGLER, P. (1949): Johann Wolfgang Goethe. – Berlin
40 WILSON, W. D. (1999): Das Goethe-Tabu – Protest und Menschenrechte im klassischen Weimar. – München
41 Abenteuer Natur Spekulation. Goethe und der Harz. – Halle/Saale 1999
42 Berühmte Leipziger Studenten. – Leipzig, Jena, Berlin 1990
43 Der Eislauf (Hrsg. Ch. S. Zindel). – Nürnberg 1825 (Reprintdruck Hanau 1980)
44 Eine Welt schreibt an Goethe. Gesammelte Briefe. – Kampen/ Sylt 1937
45 Goethe in Leipzig. – In: Leipzig in Geschichten und Bildern. – Leipzig 1904, S. 66–74
46 Goethe in vertraulichen Briefen seiner Zeitgenossen 1749–1793. (3 Bde. /Hrsg. W. Bode) – Berlin 1999
47 Goethe wandert, (Hrsg. J. Klauß). – Rudolstadt & Jena 1998
48 Goethes Alltagsentdeckungen. Das Volk interessiert mich. – Leipzig 1994
49 Goethes Leben in Bilddokumenten. (Hrsg. J. Göres). – Augsburg 1999
50 Goethes Reden (Hrsg. G. Ueding). – Frankfurt a. M. u. Leipzig 1994
51 Goethe. Sein Leben in Bildern und Texten. (Vorwort: A. Muschg). – Frankfurt a. M. u. Leipzig 1982
52 Ich bin Goethe. Johann Wolfgang von Goethe. Seine schönsten Zeichnungen, Auszüge aus Briefen, Tagebüchern und Werk. – München 1998
53 Kanzler Friedrich von Müller / Marcel Reich-Ranicki (1982): – Betrifft Goethe / Rede (1832) und Gegenrede (1982). – Frankfurt a. M.
54 Karl Philipp Moritz (1993): Lesebuch (Hrsg: H. Günther). – Frankfurt a. M. u. Leipzig
55 Katalog der Ausstellung „Europa, wie es Goethe sah". – Düsseldorf, Saverne, Bologna 1999
56 Leipziger Denkmale (Hrsg. Leipziger Geschichtsverein). – Beucha 1998
57 Treffliche Wirkungen. Anekdoten von und über Goethe. (2 Bde. / Hrsg. A. u. W. Dietze). – Berlin u. Weimar 1987
58 Wilhelm von Humboldt über Schiller und Goethe. Aus den Briefen und Werken. (Hrsg. E. Haufe). – Weimar 1963
59 Winckelmanns Werke. In einem Band. – Berlin u. Weimar 1986
60 Zeichnungen von Goethes Hand. – Leipzig 1992

B. Hinweise auf spezielle Literatur zum Thema (Auswahl)

1 ACKERMANNN, P.: Goethe als Freund der Leibesübungen (Eine Sedanfeier im Kriegsjahr 1917). In: Monatszeitschrift für das Turnwesen, 37 (1918) 3/4, S. 67–69
2 BECK, A. / ZILCHERT, R. (1936): Goethe und der olympische Gedanke. – Berlin (Enthält die beiden preisgekrönten Arbeiten des Preisausschreibens „Goethe und der Olympische Gedanke" anläßlich der XI. Olympiade Berlin 1936: Beck, „Goethe und der Olympische Gedanke" / Zilchert, „Die Bedeutung der Leibeserziehung in Goethes Leben und Denken".)
3 BEZOLD, K.: Goethe und die Leibesübungen. In: Deutsche Turnzeitung, 76 (1931) 40, S. 1015–1016
4 BIESE, A.: Goethe und die Gebirgsromantik. In: Deutsche Alpenzeitung, 36 (1941) 11, S. 161–164
5 BODE, R.: Goethe und der Rhythmus. In: Rhythmus. Zeitschrift für rhythmische Gymnastik und Erziehung, 25 (1952), S. 19
6 BRABAND, F.: Goethe als Schlittschuhläufer. In: Deutscher Eissport, 9 (1900) 20, S. 160 ff
7 BRABAND, F.: Goethe als Schlittschuhläufer. In Deutscher Eissport, 9 (1900) 22, S. 179 ff
8 BRABAND, F.: Goethe als Sportsmann. In: Deutscher Eissport, 9 (1900) 15 u. 16
9 BRUNNER,E.: Eisläufe – Wasser ist Körper, Boden die Welle! – Eine Revue deutscher Gleitkultur im Lichte der Poesie. In: Die Zeit Nr. 52 v. 20. 12. 2000
10 DENKERT, O. E.: Goethe und die Leibesübungen. In: Deutsches Schulturnen, 3 (1932) 5, S. 42
11 DENKERT, O. E.: Goethe und die Körperkultur. In: Deutsche Turn-Zeitung, 77 (1932) 11, S. 241–244
12 DIEM, C.: Sport und Geist. Vortrag in einer Sportversammlung als Antwort auf eine Goetheversamlung am 6. April 1927. In: Carl Diem, Olympische Flamme. Das Buch vom Sport, Bd. I: Sinn, Berlin 1942, S. 142–152
13 DIEM, C.: Goethe als Pferdturner. In: NS-Sport, 15. 11. 1942
14 DIEM, C.: Sizilianische Reise. Auf den Spuren der Antike – von Virgil bis Goethe. In: Pariser Zeitung v. 28. 2. 1943
15 DIEM, C.: Goethe und der Eislauf. In: Olympische Rundschau, (1943) 20, S. 1–36
16 DIEM, C.: Goethe. In: Deutsches Turnen (1949) 8, S. 3–4
17 DIEM, C.: Jahn an Goethe. In: Deutsches Turnen, (1952), 19, S. 6–7
18 ISRAEL, S. / WITT, G.: Sport und literarische Produktivität – Sollten Dichter boxen? In: Deutsches Ärzteblatt (1999) 18, S. 1215–1216
19 KLEMM, T.: Der Schwammige Schöngeist als genießender Göttersohn. – In: Frankfurter Allgemeine Zeitung v. 25. 8. 1999
20 LINDEN, W.: Goethes Gedanke der Olympischen Erziehung. In: Goethe-Jahrbuch Weimar 1936
21 MANG, W.: Goethes Lieblingselement – das Wasser. In: Der Schwimmer (1932) 12
22 MERKER, J.: Goethe und die Leibesübungen. In: Deutsche Turnzeitung (1932) 91, S. 201 f
23 MÜLLER-SCHÖNAU, H. B.: Goethes Reitkunst. In: Jahrbuch der Goethe-Gesellschaft (1921) 8, S. 71 ff
24 MÜLLER-SCHÖNAU, H. B.(1936): Sportmann Goethe. – Leipzig
25 PAWEL, J.: Über Goethes körperliche Rüstigkeit und seine Vorliebe für leibliche Übungen. In: Deutsche Turnzeitung (1900) 2/5, S. 21 ff
26 RICHTER, N.: Goethe und die Leibesübungen. In: Leibesübungen (1936) 12, S. 287 ff
27 STRICKER, W.: Goethe als Schlittschuhläufer auf den Rödelheimer Wiesen. In: Im neuen Reich (1880), S. 549
28 UHLE, P.: Goethe und das Schlittschuhfahren. In: Leipziger Zeitung, Nr. 302 v. 31. 12. 1903
29 VOLKMANN, E.: Körperschulung als Erziehungs- und Volksaufgabe in Goethes Leben und Werk. In: Goethe-Jahrbuch Weimar 1936, S. 177
30 WITT, G.: Gedanken zu einem Bild anläßlich des 150. Todestages von Johann Wolfgang Goethe (1749–1832). In: Deutsches Sportecho v. 26./27. 3. 1982
31 WITT, G.: Vor 220 Jahren – Die „wiederauflebenden Olympischen Spiele" am Wörlitzer Drehberg. In: Olympisches Feuer, Frankfurt a. M., Heft 5/1996, S. 37–43

32 WITT, G.: Goethes Verhältnis zur Körpererziehung – Wahrheit und Dichtung. In: Leipziger Sportwissenschaftliche Beiträge (Hrsg. Dekan der Sportwissenschaftlichen Fakultät der Universität Leipzig) 40 (1999) 2, S. 3–24
33 WITT, G.: Goethe in Leipzig – „Bilderjagd" auf langen Wanderungen, Vorlesungen mit „Langzeitwirkung", legendäre Langstreckenritte. In: Sportmuseum aktuell / Sonderdruck, Hrsg. Stadtgeschichtliches Museum und Sächsisches Sportmuseum Leipzig, 1999, 5 S
34 WITT, G.: „Die Turnerei halt ich wert ..." – Johann Wolfgang von Goethe – interessiert an der deutschen Turnbewegung, reserviert gegenüber Jahn. In: Sportmuseum aktuell, Leipzig (1999) 3/4, S. 19
35 WITT, G.: Körpererziehung in Goethes Welt – Wahrheit und Dichtung. In: Olympisches Feuer, Frankfurt a. M., (1999) 4, S. 39–49
36 WITT, G.: Zum 250. Geburtstag Johann Wolfgang Goethes (Gespräch). In: Beiträge zur Sportgeschichte, Berlin (1999) 9, S. 84–86
37 WITT, G.: Brocken – Vor 222 Jahren auf dem Gipfel – Goethe war zwar nicht „erster Bergsteiger des Reiches", aber ein vorzüglicher. In: Neues Deutschland v. 18./19. 12. 1999
38 WITT, G.: Goethes Verhältnis zur Körpererziehung – Wahrheit und Dichtung (Vortrag). In: Weimarer Vorträge über Beziehungen des Sports zur Kultur. Hrsg. Bauhaus-Universität, Weimar (2000), S. 52–73
39 WITT, G.: Über Freude und Vorteil eines gesunden und festen Körpers in der Welt – Der Beitrag Christian Fürchtegott Gellerts zur Vorgeschichte der Sportwissenschaft in Leipzig. In: Leipziger Sportwissenschaftliche Beiträge (Hrsg. Dekan der Sportwissenschaftlichen Fakultät der Universität Leipzig) 42 (2001) 1, S 39–41

Abbildungsnachweis

- Anonymus: Briefe eines ehrlichen Mannes bey einem wiederholten Aufenthalt in Weimar. Unveränderter Nachdruck von 1800. Weimar o. J. – 122
- Bode, Wilhelm: Der Musenhof der Herzogin Amalie. Berlin 1908 – 42, 98 u.
- Brandenburg, Hans: Schiller. Leben, Gedanken, Bildnisse. Königstein im Taunus, Leipzig o. J. – 118
- Diem, Carl: Körpererziehung bei Goethe. Ein Quellenwerk zur Geschichte des Sportes. Frankfurt 1948 – 58, 64, 65, 70, 73, 74 u., 133
- Femmel, Gerhard: Die Goethezeichnungen aus Schloß Hirschhügel bei Rudolstadt. Leipzig 1955 – 33 u.
- GutsMuths, Johann Christoph Friedrich: Gymnastik für die Jugend. Schnepfenthal 1793 – 130 u.
- Historische Schillerbilder. Silhouetten. München o. J. – 99 o.
- Höffner, Johannes: Goethe im Alter. Bielefeld, Leipzig o. J. – 98 o.
- Holtzhauer, Helmut: Goethe-Museum. Werk, Leben und Zeit Goethes in Dokumenten. Berlin, Weimar 1969 – 2, 19, 21, 22, 29, 34 u., 39, 54 o. l., 56 o., 62, 71, 90 o., 94, 95, 96, 97, 99 u., 102 o. m., 106 u., 116
- Könnecke, Gustav: Deutscher Literaturatlas. Marburg 1909 – 128 o.
- Koenig, Robert: Deutsche Literaturgeschichte. Zweiter Band. Bielefeld, Leipzig 1896 – 80
- Koetschau, Karl; Morris, Max (Hrsg.): Goethes Schweizer Reise 1775. Weimar 1907 , 82
- Kühnlenz, Fritz: Schiller in Thüringen. Stätten seines Lebens und Wirkens. Rudolstadt 1973 . 101 u. r.
- Leixner, Otto von: Geschichte der Deutschen Literatur. Leipzig 1906 – 55
- Nadeler, Josef: Literaturgeschichte des Deutschen Volkes. Dichtung und Schrifttum der deutschen Stämme und Landschaften. Zweiter Band. Berlin 1938 – 16, 28, 36, 44, 100, 115, 127, 160
- Neubert, Franz: Goethe und sein Kreis. Leipzig 1919 – 14, 24, 49, 52, 54 u., 85, 93, 101 l., 102 m. m., 102 u. r., 104
- Reisiger, Hans: Johann Gottfried Herder. Sein Leben in Selbstzeugnissen, Briefen und Berichten. Berlin 1942 – 117
- Ruland, Carl: Aus dem Goethe-National-Museum I. Weimar 1895 – 27
- Schaeffer, Emil: Goethe. Seine äußere Erscheinung. Frankfurt 1914 . 15, 34 u. l., 68, 92, 93 o., 102 m. l., 102 m. r., 102 u. m.

- Schaeffer, Emil: Goethe. Seine äußere Erscheinung. Frankfurt 1914 . 15, 34 u. l., 68, 92, 93 o., 102 m. l., 102 m. r., 102 u. m., 160
- Schulte-Strathaus, Ernst: Die Bildnisse Goethes. München 1910 – 102 o. r.
- Staatliches Komitee für Körperkultur und Sport (Hrsg.): Festschrift zum 200. Geburtstag von J. Ch. Fr. GutsMuths. Leipzig 1959 – 128 u., 129, 130 o., 132
- Städtische Museen Jena (Inv.-Nr. 17793,2): 17 o., 17 m.
- Thüringer Landesmuseum Heidecksburg Rudolstadt – 60 o. (TLMH Gr. 03 / a. B.), 63
- Unbehaun, Lutz: Die Goethezeit in Silhouetten. Schattenrisse in ganzer Figur, vornehmlich aus Weimar und Umgebung. Rudolstadt 1996 – 41, 47 o., 51, 59, 60 u.
- Verlagsarchiv – 32, 131
- Vogt, Friedrich; Koch, Max: Geschichte der Deutschen Literatur von den ältesten Zeiten bis zur Gegenwart. Zweiter Band. Leipzig 1923 – 37 o. r.
- Wahl, Hans: Handzeichnungen von Goethe, 24 farbige Tafeln. Leipzig 1941 – 61 l.
- Wahl, Hans; Kippenberg, Anton (Hrsg.): Goethe und seine Welt. Leipzig 1932 – 11, 12, 13, 17 u., 18, 23, 30, 33 o., 34 o., 37 o. l., 37 u., 38, 43, 45, 46, 47 u., 48, 50, 54 o. r., 56 u., 57, 61 r., 66, 67, 69, 74 o., 76, 78, 81, 83, 84, 87, 88, 89, 90 u., 91, 102 o. l., 102 u. l., 103, 105, 106 o., 107, 109, 111, 112, 123, 124, 126, 135
- Weltliteratur. Die Lust am Übersetzen im Jahrhundert Goethes. Marbacher Katalog 37. Marbach 1982 – 79

Personenregister

Halbfette Ziffern verweisen – über den Text hinaus – auf Bilder.

A
Agasias (Anfang 1. Jh. v. Chr.); 119
Anakreon (* um 580, † nach 495); 35
Anna Amalia, Herzogin von Sachsen-Weimar-Eisenach (1739–1807); 41, **42**, 58
Antipatros von Sidon (um 130 v. Chr.); 119

B
Bager, Johann Daniel (1734–1815); 34
Basedow, Johann Bernhard (1723–1790); 36, 61, 80, 123, 130, 131, 135
Beethoven, Ludwig van (1770–1827); 50
Behrisch, Ernst Wolfgang (1738–1809); 18
Beireis, Gottfried Christoph (1730–1809); 110, 111
Bergmann; 58
Bernhard, Prinz von Sachsen-Weimar-Eisenach (1792–1862); **124**, 125
Böttiger, Karl August (1760–1835); 103, **104**
Brecht, Bertolt (1898–1956); 7, 109
Breitkopf, Johann Gottlob Immanuel (1719–1794); **18**, 20
Brion, Friederike Elisabeth (1752–1813); 33, 83
Buff, Charlotte (1753–1828); **38**
Bürger, Gottfried August (1747–1794); 98
Byron, George Noel Gordon, Lord (1788–1824); **109**, 110, 119

C
Carl August, Herzog von Sachsen-Weimar-Eisenach (1757–1828); **41**, 43, 44, 45, 46, 47, 48, 49, 51, 52, 58, **60**, 61, 62, 65, **66**, 67, 70, 75, 77, 82, 83, 85, 87, 89, 90, 97, 98, 99, 122, 125, 134
Carl Friedrich, Erbprinz von Sachsen Weimar Eisenach (1783–1853); **124**, 125, 134, **135**
Caroline Luise, Prinzessin von Sachsen-Weimar-Eisenach (1786–1816); **124**
Carus, Carl Gustav (1789–1869); 87
Chodowiecki, Daniel (1726–1801); 28, 130
Clodius, Christian August (1738–1784); **23**
Comenius, Johann Amos (1592–1670); 13

Constantin, Prinz von Sachsen-Weimar-Eisenach (1758–1793); 42
Cotta, Heinrich (1791–1856); 63
Coubertin, Pierre de, Baron (1863–1937); 136, 137, 139

D
Darbes, Joseph Friedrich August (1747–1810); 52
Dawe, George (1781–1829); 102
Degen, Christoph; 87
Descourtis Charles Melchior (1753–1820); 84
Diem, Carl (1882–1962); 9, 77
Döbler, Georg (1788–1845); 89
Ducros, Abraham Louis (1748–1810); 95

E
Eckermann, Johann Peter (1792–1854); 51, 53, **54**, 68, 103, 104, 109, 110, 111, 113, 114, 134
Erdmannsdorff, Friedrich Wilhelm von (1736–1800); 123

F
Fichte, Johann Gottlieb (1762–1814); 127
Fleischmann, Friedrich (1791–1834); 102

G
Geist, Johann Jakob Ludwig (1776–1854); 86
Gellert, Christian Fürchtegott (1715–1769); 23, **24**, 25, 28, 69, 115, 125
Goethe, Alma von (1827–1844); 57
Goethe, August Walther von (1789–1830); 110, **111**, 124, 125
Goethe, Catharina Elisabeth, geb. Textor (1731–1808); **12**, 13, 14, 41, 76, 83
Goethe, Cornelia Friederike Christiane (1750–1777); **14**, 18, 76, 83
Goethe, Johann Caspar (1710–1782); **12**, 13, 14, 28, 35, 41, 52
Goethe, Johanna Christiane Sophie von, geb. Vulpius (1765–1816); **99**, **106**, 107, **124**

– 157 –

Goethe, Ottilie Wilhelmine Ernestine Henriette von, geb. Pogwitsch (1796–1872); 57
Goethe, Walther Wolfgang von (1818–1885); 57
Goethe, Wolfgang Maximilian von (1820–1883); 57
Goetz, Theodor (1826–1892); 106
Goldsmith, Oliver (1728–1774); 35
Göschen, Johann Georg Friedrich (1752–1828); **49**
Göthe, Friedrich Georg (1657–1736); 13
Göthe, Hans Christian (1633–1694); 13
Gottsched, Johann Christoph (1700–1766); **17**, 18
Grillparzer, Franz (1791–1872); 119
GutsMuths, Johann Christoph Friedrich (1759–1839); 123, 128, 129, **130**, 135

H

Haller, Albrecht von (1708–1777); 79, **80**
Hammer, Christian Gottlob (1779–1864); 105
Händel; 18
Hangwitz, Christoph August Heinrich von (1752–1835); 79, 80
Hegel, Georg Wilhelm Friedrich (1770–1831); **128**
Heinse, Johann Jakob Wilhelm (1749–1803); 36, **37**
Herder, Johann Gottfried (1744–1803); 7, **29**, 31, 32, 42, 63, 74, 104, 115, 116, 117, 119, 123, 141
Herder, Karoline, geb. Flachsland (1750–1809); 74, 75
Hölderlin, Friedrich (1770–1843); 120, **123**
Holtei, Karl-Eduard von (1798–1880); **103**
Homer (um 750 und 650 v. Chr.); 35
Hufeland, Christop Wilhelm (1762–1836); **11**, 77, 113
Humboldt, Alexander von (1769–1859); 114, **115**
Humboldt, Caroline von, geb. von Dacheröden (1766–1829); **101**, 102, 103
Humboldt, Wilhelm von (1767–1835); **101**, 102, 103, 120, 128, 141

J

Jacobi, Friedrich Heinrich (1743–1819); 36, **37**
Jacobi, Johann Georg (1740–1814); 36, **37**
Jagemann, Ferdinand (1780–1820); 102
Jahn, Friedrich Ludwig (1778–1852); 123, 131, **132**, 133, 134, 135, 136
Joseph II., Kaiser von Österreich (1741–1765–1790); 46

K

Kant, Immanuel (1724–1804); 134, 138
Kauffmann, Angelika (1741–1807); 90, **91**, 93

Kaulbach, Wilhelm von (1804–1874); 76
Kern, Johann Adam (1750–?); 16
Kestner, Johann Christian (1741–1800); 38
Kleist, Ewald Christian von (1715–1759); 19, 53
Klinger, Friedrich Maximilian (1752–1831); 42
Klopstock, Friedrich Gottlieb (1724–1803); 46, **71**, 72, 74, 75, 79, 125
Knebel, Carl Ludwig von (1744–1834); 41, 45, 48
Kraus, Georg Melchior (1733–1806); 46, 64, 67, 70, 88

L

Lavater, Johann Kaspar (1741–1801); 36, **37**, 80, 82
Lenz, Jakob Michael Reinhold (1751–1792); 32, **33**, 42, 70
Leopold III., Friedrich Franz, Fürst von Anhalt-Dessau (1740–1817); **61**, 122
Lerse, Franz Christian (1749–1800); 33, 58
Lessing, Gotthold Ephraim (1729–1781); 17, 32, 91, 115, 119
Linck, Jean Antoine (1766–1843); 83
Lips, Johann Heinrich (1758–1817); 78
Luise Auguste, Herzogin von Sachsen-Weimar-Eisenach (1757–1830); **74**, 75

M

Melchior, Johann Peter (1742–1825); 45
Merck, Johann Heinrich (1741–1791); **36**, 43
Meyer, Johann Heinrich (1759–1832); **85**, 86, 90
Mieding, Johann Martin (1725–1782); 65
Moritz, Karl Philipp (1736–1793); 90, **91**, 92, 115, 119
Müller, Friedrich Theodor Adam Heinrich von (1779–1849); **43**, 57
Myron (5. Jh. v. Chr.); 119

N

Napoleon I., Bonaparte, Kaiser von Frankreich (1769–1804–1814/15–1821); 67, 68, 132
Nietzsche, Friedrich (1844–1900); 8, 35

O

Oeser, Adam Friedrich (1717–1799); **17**, 18, 21, 22, 53, 61, 115, 116, 119
Oeser, Friederike (1748–1829); **22**
Ortega y Gasset, José (1883–1955); 138

P

Passavant, Jakob Ludwig (1751–1823); 80, 81
Pestalozzi, Johann Heinrich (1746–1827); **127**

Pietsch, L.; 76
Pindar (522–446 v. Chr.); 35, 55, 56, 115, 120
Polyklet von Argos (5. Jh. v. Chr.); 119
Preller, Friedrich (1804–1878); 73

R

Raab, Johann Leonhard (1825–1899); 76
Raabe, Karl Joseph (1780–1846); 102, 106
Rauch, Christian Daniel (1777–1857); 107
Reich, Philipp Erasmus (1717–1787); 18, 19
Riemer, Friedrich Wilhelm (1774–1845); 53, **54**, 77, 104
Rousseau, Jean-Jaques (1712–1778); 21, 26, 28, **79**, 115, 125, 132

S

Salzmann, Christian Gotthilf (1744–1811); 128, **129**
Schiller, Friedrich von (1759–1805); 43, 98, **99**, 101, 113, 114, 116, 117, **118**, 119, 123, 141
Schlegel, Caroline, geb. Paulus (1763–1809); **100**, 101
Schmoll, Georg Friedrich († 1785); 38
Schönkopf, Anna Katharina (1746–1810); **22**
Schönkopf, Christoph Gottlieb (1716–?); 18, 22
Schopenhauer, Arthur (1788–1860); **30**, 104
Schröter; Corona Elisabeth Wilhelmine (1751–1802); 17, **18**, 75
Schwerdgeburth, Karl August (1785–1878); 102
Sebbers, Julius Ludwig (1805–nach1837); 102
Seekatz, Johann Konrad (1719–1768); 14
Seffner, Carl (1861–1932); 26
Seidel, Philipp Friedrich (1755–1820); 53, 89
Seume, Johann Georg (1763–1810); **55**
Shakespeare, William (1564–1616); 32, 35
Sokrates (um 470–399 v. Chr.); 35

Sonntag, Henriette (1803–1854); 75
Stein, Charlotte Albertine Ernestine von, geb. von Schardt (1742–1827); **45**, 46, 54, 60, 61, 75, 92, 96, 97
Stein, Gottlob Friedrich Konstantin (Fritz) von (1772–1844); **122**, 125
Stein, Gottlob Karl Friedrich von, (1765–1837); 125
Steinbach, Erwin von (um 1244–1318); 32
Stolberg, Christian, Graf zu (1748–1821); 79, 80
Stolberg, Friedrich Leopold, Graf zu (1750–1819); 79, 80

T

Thieß, Frank (1890–1977); 109
Tischbein, Friedrich August (1751–1829); 60, **90**, 92, 93, 94

V

Vieth, Gerhard Ulrich Anton (1763–1836); 123, 136
Vogel von Vogelstein, Karl Christian (1788–1868); 102
Vogel, Albert (1814–1886); 76
Vogel, Karl (1798–1864); 103
Vulpius, Christiane, siehe Goethe, Christiane

W

Wehner, Carl; 26
Weischner, Siegmund Karl Friedrich (1702–1774); 59
Wieland, Christoph Martin (1733–1813); 41, 43, **44**, 116
Winckelmann, Johann Joachim (1717–1768); 17, 32, 91, 115, 116, 117, 119, 122
Wolf, Kaspar (1735–1798); 84

Z

Zelter, Carl Friedrich (1758–1832); **112**, 135

Darstellungen Goethes finden sich auf folgenden Seiten:
2, 14, 15, 16, 27, 28, 34, 38 u., 45 o., 46, 47 o., 51, 52, 59, 68, 78, 90 o., 92, 93, 102, 107 u., 122, 160

Zeichnungen von Goethes Hand finden sich auf folgenden Seiten:
27, 33 u., 39, 47 u., 48, 54, 56 o., 61 l., 62, 74 u., 82, 94, 96, 97, 99